Andreas Egert

Vom Werden und Wesen des Aphorismus

Reihe Literatur- und Medienwissenschaft, Band 101

Andreas Egert

# Vom Werden und Wesen des Aphorismus

Essays zur Gattungsproblematik
bei Lichtenberg und Nietzsche

Igel Verlag *Wissenschaft*

Bibliografische Information der Deutschen Bibliothek:
Die Deutsche Bibliothek verzeichnet diese Publikation in *Der Deutschen Nationalbibliografie*; detaillierte bibliografische Daten sind im Internet über *http://dnb.ddb.de* abrufbar.

1. Auflage 2005

Copyright © by
Igel Verlag *Wissenschaft*
Uhlhornsweg 99 A
26129 Oldenburg
E-Mail: igelverlag@t-online.de
Tel.: 0441-6640262
Fax: 0441-6640263
Herstellung: Fuldaer Verlagsanstalt

ISBN 3-89621-206-0

# Inhalt

Einleitung ............................................................................. 7

Wahrheitsproblematik
Entlarvung, Wahrhaftigkeit und Schein ................................. 25

Sprachskepsis
Sprachphilosophie zwischen Sensualismus und Resignation ................. 37

Systemkritik
Offenbleiben und -lassen, Selbst-, Ausnahme- und Widerstandsdenken 50

Lebensphilosophie
Spiel, Experiment, Neugierde, Phantasie, Stimmung, Mystik und
Mythos ............................................................................... 59

Konfliktdenken
Dualismen, Differenzierungen, Spannungen, Ausgewogenheit ............. 71

Verkürzung, Kürze,
Prägnanz, Selbständigkeit als äußerliche Merkmale ....................... 78

(Gegen-)Begriffliches Denken in Paradoxien,
Antithesen und Sinnklammern ................................................. 85

Anschauliches Denken in Metaphern ........................................ 93

Pointe und Witz
Überraschende Assoziationen und schnelle Wendungen als
(Vor-)Schluß ..................................................................... 103

Literaturverzeichnis ............................................................. 112

„Es sind Aphorismen! Sind es Aphorismen? – mögen die, welche mir daraus einen Vorwurf machen, ein wenig nachdenken und dann sich vor sich selber entschuldigen – ich brauche kein Wort für mich."[1]

Friedrich Nietzsche

# Einleitung

Die folgende Arbeit nimmt sich eines einzelgängerischen Stiefkindes an, ohne es auf gemeine Art und Weise resozialisieren zu wollen.

Es handelt sich um ein schillerndes und charismatisches Einzelkind, das durchaus gesprächig ist, wenn man sich nur mit ihm einläßt und von seinen „subjektiven Energien"[2] und prägnanten Ideenblitzen elektrisieren läßt.

Das durchaus geistreiche Kind, in dem „sich der Verstand ichsüchtig selbst genießt"[3], weshalb ihn entferntere Bekannte und Verwandte (Ist das eine Form von Nietzsches „Fernsten-Liebe"?[4]) oftmals als altklug und egoistisch bezeichnen, „ist eine betont männliche Literaturform; darum beschäftigt er sich auch gerne und oft etwas überlegen unliebenswürdig mit den Frauen"[5], die jene überschüssigen Energien zu spüren bekommen. Die Komplexität und der Individualismus des Problemkindes sorgen dafür, daß ihre Väter (und es gibt tatsächlich fast nur Väter und nahezu keine Mütter) sich noch nicht einmal auf einen Namen einigen wollten. Oft genug liegt die einzige Gemeinsamkeit in der Vermeidung des Gattungsbegriffes Aphorismus.

Im deutschen Sprachraum gibt es folgende Namensvorschläge: „Blütenstaub", „Brouillon" und „Senker" (Novalis), „Brocken" und „Grillen"

---

1   Nietzsche, N, KSA 9, 7 (192), S. 356.
2   Grenzmann, *Probleme des Aphorismus*, in: Der Aphorismus – Zur Geschichte, zu den Formen und Möglichkeiten einer literarischen Gattung (im folgenden abgekürt mit: Der Aphorismus), S. 195. Grenzmann beschreibt ebenda „*das Angefülltsein mit subjektiven Energien*" als „*das erste Kennzeichen des Aphorismus*".
3   Bertram, *Georg Christoph Lichtenberg*, in: Dichtung als Zeugnis – Frühe Bonner Studien zur Literatur, S. 208.
4   Nietzsche mahnt die Fernsten-Liebe in *Also sprach Zarathustra* (im folgenden Z), KSA 4, *Von der Nächstenliebe*, S. 77 f., an.
5   Wehe, *Geist und Form des deutschen Aphorismus*, in: Der Aphorismus, S. 133.

(Hamann), „Späne" (Goethe), „Apokryphen" (Seume), „Sprikker" (Busch), „Ideenwürfel", „Fingerzeige", „kleine Zwielichter", „Gedanken" – und „Papierspähne" (Jean Paul), „Funken" (Ritter), „Pfennigs-Wahrheiten" (Lichtenberg), „Sporaden" (Hilsbecher), „Splitter" (Jellinek), „Lichtstrahlen" (Bruno), oder „Monogramme" und „minima moralia" (Adorno).[6]

Eine Liste, die keinerlei Anspruch auf Vollständigkeit erhebt, und schon andeutet, warum diese Spezies kein Lieblingskind der literaturwissenschaftlichen Forschung werden konnte, es gleicht aus deren Sicht einem verwöhnten und störrischem Balg, das sich auf beinahe allen Ebenen immer wieder jedem Zugriff entzieht.[7]

Diese Unabhängigkeit und Offenheit der Gattung erfordert einen mündigen Rezipienten, das Verhältnis Text-Leser ist direkt von der Kunst der Auslegung[8] des Lesers abhängig, die interpretative Vieldeutigkeit der Texte wird dabei von seinem Kindsvater kunstvoll herausgefordert und provoziert.

Daß er dieses Kunststück, durch Erzeugung eines nachzitternden, manchmal auch nachbebenden Denkreizes auf engstem Raume vollbringt, verhindert nicht nur ein Schläfchen Homers, kommt es doch gerade auf die Nuance an, sondern evoziert auch eine geistige Verschwendung, die nur ein Übermaß an geistigem Reichtum, wenn überhaupt, verkraften und kompensieren kann.

Hermann Ulrich Asemissen schreibt zur unbestimmten Vieldeutigkeit und der Gattungsproblematik: „Und letztlich ist er ihretwegen selbst schuld, daß seine Theorie noch nicht geschrieben ist. Nicht nur daß der Theoretiker des Aphorismus Künstler und Philosoph und Philologe, *Psychologe*[9] (Hervhbg. A. E.) und Soziologe sein müßte – er könnte dennoch

---

6  Vgl. Neumann, *Einleitung*, in: Der Aphorismus, S. 3.
7  Vgl. Cantarutti, *Aphoristikforschung im deutschen Sprachraum*, wo sie das gesamte zweite Kapitel (S. 133 f.) unter die Überschrift „Ursache und Aspekte des Sich-Verschließens der Deutschen Literaturwissenschaft vor dem Aphorismus" stellt und in ihrer Einleitung ein „allgemeines Desinteresse" und „verbreitetes Unverständnis" (S. 2) konstatiert.
8  Vgl. Nietzsche, KSA 5, *Zur Genealogie der Moral* (im folgenden GdM), Vorrede, Abschnitt 8, S. 255.
9  Der Psychologismus-Vorwurf, der auch ein Irrationalismus-Vorbehalt ist, wie ihn Fricke (*Aphorismus*, S. 2 f.) gegen die Aphorismus-Forschung formuliert, ist unangebracht, die Psychologie ist, das haben fast alle Forschungsbeiträge, bei allen „Auswüchsen" dieser These, unterstrichen, wahr-

seine Aufgabe nur unvollkommen erfüllen. Denn wie der Aphorismus dem System widerstrebt, so widerstrebt er der systematischen Betrachtung. Ja, er widerstrebt der Betrachtung überhaupt."[10]

Diese Erkenntnis zeigt die Problematik, alle diese Einzelkinder, bei allen Ähnlichkeiten, unter dem Gattungsoberbegriff Aphorismus zusammenzubringen, ohne ihn zu einem beliebigen Sammelbegriff degenerieren zu lassen.

So erkennt Knauff betreffend seiner Lichtenberg-Arbeit und durchaus auf die Gattungsproblematik ausdehnbar: „Es muß zweifelhaft erscheinen nach alledem, ob *ein Begriff* die Spannweite dieser Niederschriften umfassen kann; Beschreibung unter einheitlicher Perspektive bleibt anfechtbar."[11]

Ein statischer Gattungsbegriff wird so dem Problem keineswegs gerecht, denn daß eine sinnstiftende Gattungspoetik außerhalb der Gattungsgeschichte überhaupt nicht existent sein kann, liegt auf der Hand.[12]

Als ein dynamischer Gattungsbegriff ist der Aphorismus noch am ehesten geeignet, den vielen berechtigten Anfechtungen standzuhalten. Geradezu töricht wäre es, diese Bedenken außen vor zu lassen und die folgende Arbeit in definitorischen Halbwahrheiten zu ersticken. Dennoch will diese Untersuchung, über vorsichtige Annäherungswerte, die philosophisch-aphoristische Denkhaltung und deren Umsetzung in die Prosaform mit ihren alternativen Form- und Stilvarianten unter die Lupe nehmen. Denn daß Gemeinsamkeiten durchaus vorhanden sind, belegt nicht nur das Ca-

---

scheinlich das Epizentrum des aphoristischen Denkens. Nietzsche, KSA 6, *Ecce Homo* (im folgenden EH), *Warum ich so gute Bücher schreibe*, Aph.-Nr. 5, formuliert: „Daß aus meinen (aphoristischen, Ergänzung A. E.) Schriften ein *Psychologe* redet, der nicht seines Gleichen hat, das ist vielleicht die erste Einsicht, zu der ein *guter* (Herv. A. E.) Leser gelangt."
Fricke behauptet zwar, daß Nietzsche ihn zur Philosophie gebracht habe (vgl. *Kann man poetisch philosophieren?* in: Literarische Formen der Philosophie, S. 32) – folgert dann aber dreist: „Nietzsche ist kein Philosoph", denn: „Es sieht so aus, als sei Philosophieren als ... Sprechen dem poetischen ... Sprechen des Aphorismus in zentraler Weise entgegengesetzt." (ebd., S.35) Die folgende Arbeit will diese obskure und oberflächliche These aus verschiedenen Perspektiven überprüfen und widerlegen.

10  Asemissen, *Notizen über den Aphorismus*, in: Der Aphorismus, S. 176.
11  Knauff, *Lichtenbergs Sudelbücher – Versuch einer Typologie seiner Aphorismen*, S. 10.
12  Vgl. Lämmert, *Bauformen des Erzählens*, S. 12-16, Knauff, S. 12, Rosso, *La Maxime*, S. 9 f. und Cantarutti, S. 177.

netti-Wort: „Die großen Aphoristiker lesen sich so, als ob sie alle einander gut gekannt hätten."[13]

Mit dieser Unvoreingenommenheit stellt sich diese Arbeit gegen einen Teil der Aphorismus-Forschung, die dem Gattungsphänomen nicht immer gerecht wird und es teilweise auch noch mit einseitig negativen Vorzeichen versieht.

Da ist die Rede von einer „Fehlerquelle menschlichen Denkens"[14] (Besser), andernorts werden die mißrateneren Aphorismen als „bloßes Spiel"[15] (Mautner) oder „an der Grenze zur Entartung ins bloß Artistische"[16] (Asemissen) diskreditiert, dort wird „ein tiefbegründetes Unvermögen"[17] (Grenzmann) konstatiert. Derselbe Grenzmann schließt seinen Aufsatz mit einer Fundamentalkritik an der Begrenztheit und mangelnden Kraft der Aphoristiker, Bauten aufzurichten und Massen zu bewegen, ohne diesen (vermeintlich verfehlten) Anspruch auch nur ansatzweise zu begründen.[18]

Grenzmann und Wehe glauben den Aphoristiker zu retten, wenn sie ihm konzidieren, daß er „im Grunde über den Einzelfall hinaus zu einer systematischen Überschau"[19] strebt beziehungsweise, daß „fertige Bausteine ..., wie sie sich im ‚Zarathustra' auch tatsächlich einem größeren Zusammenhang einordnen und damit eine Funktion erhalten, vom Systematischem nicht mehr allzuweit entfernt sind."[20]

Von der Schwierigkeit, besser Unmöglichkeit, abgesehen, den „Zarathustra" als aphoristisches Werk einzustufen[21], wird durch derlei repressive wissenschaftliche System- und Kategorisierungszwänge von dem eigentlichen Ursprung des antisystematischen, offenen Gattungskerns abgelenkt.

---

13  Canetti, *Die Provinz des Menschen – Aufzeichnungen 1942 bis 1972*, S. 49.
14  Besser, *Die Problematik der aphoristischen Form bei Lichtenberg, Fr. Schlegel, Novalis und Nietzsche*, S. 135.
15  Mautner, *Der Aphorismus als literarische Gattung*, S. 66.
16  Asemissen, S. 172.
17  Vgl. Grenzmann, S. 208.
18  Ebd.
19  Ebd.
20  Wehe, S. 142.
21  Krüger tut sich in seiner Arbeit *Studien über den Aphorismus als philosophische Form* (S. 134 f.) keinen Gefallen, wenn er ausgerechnet Textstellen aus Nietzsches fiktional-artifizieller Prosa- und Lyrik-Dichtung Z (KSA 4) als Nachweise für seine Kategorien heranzieht.

Horstmann erkennt dazu in seiner Einleitung zu seinen *English Aphorism*: „Und doch bewegt sich die ganze Apparatur immer nur im Kreise und begreift die Schwerelosigkeit nicht, mit der ihr die Aphorismen davonstieben."[22]

Dabei ist es keineswegs so, daß der Aphorismus sich jeglichen rationalen und verallgemeinernden Wurzeln versagt, wie im folgenden zu sehen sein wird – er ist wie der Sturm und Drang – als Epoche – dem Denken der Aufklärung – als Gattung – ähnlich fatalistisch verbunden – versucht er doch die Irrwege eines einseitigen Rationalismus kritisch zu hinterfragen. Er ist so lediglich gegen alle einseitigen „Lösungen" gewappnet, reine Gefühlsmystik ist ihm genauso verhaßt wie Systemphobie.

Deshalb wird dem Aphoristiker auch gerne sein mutiges Sich-Selbst-Widersprechen zum Vorwurf gemacht, und er braucht dazu noch nicht einmal mehrere Aphorismen, nein, er erledigt dies oft genug – seiner paradoxalen und metaphorischen Struktur sei Dank – in fast jedem einzelnen Exemplar an und in sich.

Im folgenden soll der Bedeutungs- und Entwicklungsgeschichte des Wortes und der Gattung ansatzweise auf die Spur gekommen werden, einer Tradition, die sich mit Hippokrates und auch Heraklit in der Antike gründet.[23]

Nach Schalk hat das Wort Aphorismus in der Antike einen vierfachen Sinn. Einerseits versteht man darunter soviel wie Abgrenzung, Begrenzung und Unterscheidung in der lateinischen Definition. Des weiteren gilt ein medizinischer Sinn, der lehrsatzhaft die koische, hippokratische Schule auszeichnet, zum dritten ist Aphorismus in der Bedeutung von Sentenz, Gnome, Sinn- oder Weisheitsspruch auszulegen. Die vierte Spielart der Interpretationsvielfalt nimmt auf den präzisen und konzisen Stil Bezug.[24]

Wenn man so will, ergibt sich schon in der Antike eine Nichtübereinstimmung, eine fehlende Kongruenz, von Wort und Gattung, wenn man Heraklit neben Hippokrates stellt.[25]

---

22 Horstmann, *Einleitung,* in: English aphorism, S. 17.
23 Vgl. Stackelberg, *Zur Bedeutungsgeschichte des Wortes „Aphorismus",* in: Der Aphorismus, S. 209 f.
24 Vgl. Schalk, *Das Wesen des französischen Aphorismus,* S. 79.
25 Vgl. Stackelberg, S. 215 f. In Frankreich setzt sich die Gattungsbezeichnung fast überhaupt nicht durch.

Wenn Heraklits Schriften Fragmente genannt werden (sicherlich nicht zuletzt wegen der zufälligen Überlieferungsverluste), so wird bei ihm der philosophische Anspruch des aphoristischen Denkens, der den ersten Teil meiner Arbeit ausmacht, schon in großen Teilen eingelöst[26], während der unproblematischere Gattungsgründer Hippokrates hauptsächlich die medizinische Semantik veranschlagt und damit das gesamte Mittelalter, sozusagen posthum, beherrscht.[27]

Die Renaissance des Aphorismus, die in der Neuzeit anfangs hauptsächlich im romanischen Sprachraum zu neuen Dimensionen getrieben wird, muß sich erst langsam wieder von der alleinig medizinischen Bedeutung des Wortes freimachen.[28]

Das schafft der neuzeitliche Aphorismus als eine Frucht des Humanismus und der Renaissance in der Rückbesinnung auf die Antike, zuerst mit Erasmus und seiner Sammlung antiker Weisheit, der „Adagia" und „Apophthegmata", und zum zweiten im Reflex auf Bacon und seinen erkenntnistheoretischen Leistungen, die zur Lösung von scholastischen Verkrustungen führten.

Ob man seit der Neuzeit eher von einer eigentlichen Zäsur oder von einer Kontinuität innerhalb der Gattungsgeschichte auszugehen hat, wird bei der Untersuchung des „Spagatkünstlers" Aphorismus im Blickfeld bleiben, ohne eine simple Antwort abzuverlangen.

Schalk bemerkt in seinem Aufsatz *Das Wesen des französischen Aphorismus* dazu: „Erst dem so emanzipierten Denken, das die antiken Formen

---

26  Anders etwa als bei anderen Vorsokratikern, die häufig auch als Aphoristiker geführt werden. Vgl. Fricke, *Kann man poetisch philosophieren?* S. 29 f., der Heraklit mit anderen Vorsokratikern vereinfachend in einen Topf wirft und wenig überraschend formuliert (ebd.): „Doch sie sind nicht in denselben aphoristischen Sinne ‚Fragmente' wie etwa diejenigen Fr. Schlegels." Aus meiner Sicht gehören Heraklits Fragmente, bei aller Problematik, zu der Gattung Aphorismus, seine Philosophie des Werdens, die sich von Parmenides bis Heidegger einer Übermacht des ontologischen Weltbildes gegenübersieht, wird so überhaupt zu einer Voraussetzung und Keimzelle des aphoristischen Denkens.

27  Beispielhaft sollen hier zwei Aphorismen der beiden Protagonisten angeführt werden, Heraklit (*Fragmente der Vorsokratiker*, Fragment 40) schreibt: „Vielwisserei bringt noch keinen Verstand." Hippokrates (Werke, Band 2, Lehrspruch Nr. 3) dagegen: „Wenn sie das Maß überschreiten, sind beide böse: der Schlaf und das Wachen."

28  Vgl. Stackelberg, S. 218 f.

aufgenommen, umgebildet und erweitert hat, sind die verschiedenen Möglichkeiten des Aphorismus gegeben."[29]

Und zwar genauso wie die Frage, ob man von einem deutschen Sonderweg innerhalb des europäischen aphoristischen Denkens sprechen soll oder kann, wenngleich man vorausschicken muß, daß die Beschränkung auf den deutschen Sprachraum in erster Linie den ohnehin schwierigen Zugang erleichtern soll.

Der Verfasser hält gerechterweise nur denjenigen Leser für geeignet, sich auf diffizile Aphorismus-Texte adäquat einzulassen, der in der Muttersprache des Autors verwurzelt ist, wiewohl und gerade weil man sich des „style naturel" und „genus humile dicendi"-Ideals (das wäre dann ein legitimes Gattungsideal) der Gattung bewußt sein muß.

Im Mittelpunkt der Untersuchung sollen dann in beiden Teilen, besonders im philosophischen ersten Teil, mit Lichtenberg der (unbewußte?) Gründer dieser Gattung im deutschen Sprachraum und mit Nietzsche ihr (vorläufiger) Vollender stehen.

Allein diese Wichtigkeit rechtfertigt die Konzentration auf diese beiden Schriftsteller, die als Pole den Höhepunkt im Bewußtsein der deutschen Aphoristik bilden und umgrenzen.

Als weitere brillant-nervöse Geburtshelfer in der deutschen Anfangsphase der Gattung, von der Mitte des achtzehnten (Lichtenbergs Beginn der Sudelbuch-Aufzeichnungen) bis zum Ende des neunzehnten Jahrhunderts (Nietzsches letzte Aufzeichnungen), sind wenigstens Hamann, Ritter, Klinger, Heinse[30], Einsiedel, Goethe, Görres, Alexander von Humboldt, Jean Paul, Seume, Friedrich und August Wilhelm Schlegel, Novalis, Schopenhauer, Heine und Jochmann aufzulisten.

Deren wichtigste weibliche Nachfolgerin ist Ebner-Eschenbach als nahezu einzige Frau der Gattungsgeschichte, in der männlichen Riege folgen Hofmannsthal, Nestroy, Schnitzler und Wittgenstein um die (Wiener)

---

29    Schalk, *Das Wesen des französischen Aphorismus*, S. 86.

30    Bei Heinse und dessen individueller Gattungsproblematik, die hier stellvertretend für die anderen Protagonisten wenigstens angedeutet wird, läßt sich der Oberbegriff Aphorismus nur in einem – abermals gattungsbegriffsprengenden – weiteren Sinne halten, der zum Beispiel von Bäumer (*Das Dionysische in den Werken Wilhelm Heinses*, S. 114) so verstanden wird: „Es sind emphatisch kurze und exaltierte Prosasätze in gegensätzlicher Spannung, mit denen Heinse die Fülle und sich ins Übermaß steigernde Bewegung des Dionysischen auszudrücken, das heißt in der Form zu bewältigen versucht."

Jahrhundertwende und daran anschließend im Laufe des nächsten Jahrhunderts in einer Auswahl Kraus, Kafka, Benn, Tucholsky, Musil, Adorno, Canetti, Hille, Morgenstern, Benjamin, L. Marcuse und Jünger, aber auch ein Autor wie Johannes R. Becher.[31]

Gattungsförderung im Umfeld dieser schweren Geburt leisteten vor allem Baumgarten, der weithin unterschätzte Gottsched, Herder, Kant mit seiner Erkenntniskritik als deutschem Sonder-Anstoß, sowie auf der pietistischen Schiene Moritz, Lavater und Jung-Stilling.

Baumgarten trat hierbei mit seinem ästhetischen Wahrheitsbegriff dem Wolffschen logischen Wahrheitsbegriff entschieden entgegen, schlug somit einen Pfad neben und gegen die bestimmende Schulphilosophie und begründete die deutsche Geschichte der Ästhetik.[32]

Gottsched brachte die Bezeichnung „Einfälle" in die Gattungsgeschichte ein, so bestimmt er die Urteilskraft als Probierstein der Einfälle[33] und übersetzte außerdem das für die Gattung bedeutsame Bayle-Dictionnaire von 1741.

Herder übertraf schließlich dieses Duo, da er schon früh die Doppelstruktur des aphoristischen Denkens zwischen Erfahrung und Abstraktion, Vertstehenskeim und Verstehensganzem, sowie zwischen ästhetischen und logischen Impulsen thematisierte.[34] Herders fruchtbare Ansätze blieben jedoch fast unbeachtet, da August Wilhelm Schlegel mit seiner Chamfort-Rezension von 1796 die Meinungsführerschaft übernahm.[35] Darin wird von Schlegel zurecht auf die Systemfeindschaft des aphoristischen Denkens hingewiesen, sie wird jedoch mit einem negativen Unterton der Systemunfähigkeit belastet, die dann seinen Bruder Friedrich, wie auch die nachfolgende Aphorismus-Forschung, belasten sollte.

Die wichtige Rolle Kants für die erkenntnistheoretischen Einsichten und Prämissen der deutschen Aphoristik werden vor allem in den ersten

---

31  Vgl. Spricker, *Der deutsche Aphorismus im 20. Jahrhundert – Spiel, Bild, Erkenntnis*.
32  Vgl. Baumgarten, *Theoretische Ästhetik*, S. 53 f.
33  Vgl. Knauff, S. 15.
34  Vgl. Herder, *Spruch und Bild, insbesonderheit bei den Morgenländern*, in: Sämmtliche Werke Band 16, S. 9 f. und Neumann, *Ideenparadiese – Untersuchungen zur Aphoristik von Lichtenberg, Novalis, Friedrich Schlegel und Goethe* (im folgenden abgekürzt: *Ideenparadiese*), S. 11 f.
35  Vgl. Neumann, *Ideenparadiese*, S. 12.

beiden Teilen meines philosophischen Abschnitts deutlich, die die Wahrheits- und Sprachproblematik behandeln.[36]

Bei den Pietisten Moritz, Lavater und Jung-Stilling sind folgende bedeutsame Schriften zur Selbstbespiegelung (bis hin zur Selbszerfleischung) zu nennen, von ersterem die „Beiträge zur Philosophie des Lebens" (1781) und die „Denkwürdigkeiten, aufgezeichnet zur Beförderung des Edlen und Schönen" (1786) sowie von Lavater die „Vermischten unphysiognomischen Regeln zur Selbst- und Menschenkenntnis" (1788) und nicht zuletzt Jung-Stillings „Heinrich Jung Stillings Jugend" (1777).

So ermöglichten diese Prämissen günstige klimatische Bedingungen für Lichtenberg und die Geburtsstunde des deutschen Aphorismus – ein eigentliches Gründungsbewußtsein konnten sie ihm, auch mit europäischer Mithilfe, nur bedingt verschaffen.

Neben gewissen pietistischen Wurzeln, Lavater schätzt Lichtenberg übrigens kaum[37], die zu psychologischer Selbstbeobachtung verführten, und oft überschätzt werden, ist bei ihm der europäische Einfluß – und hier vor allem der englische mit Laurence Sterne auf der künstlerischen Seite (zu seinem Tristram Shandy ergänzt Lichtenberg Shakespeare: To be or not to be – Toby or not Toby, that is the question?"[38]) und Bacon[39] auf der wissenschaftlichen Seite – spürbar.

Lichtenberg teilt seine Hochachtung vor Sterne übrigens mit Nietzsche, der unter der Überschrift „*Der freieste Schriftsteller*" fixiert: „Sterne ist der Meister der *Zweideutigkeit*"[40], die Kennzeichnung „unendliche Melodie"[41], die Nietzsche von Wagner aus, anerkennend auf Sterne richtet, charakterisiert eine Facette der Kompositions-Gattung Aphorismus zudem treffend.

---

36 An dieser Stelle sei nur auf dessen Hauptschrift, *Kritik der reinen Vernunft*, Eins und Zwei (= Band Drei und Vier der Werkausgabe) verwiesen.

37 Lichtenbergs Attacken auf Lavater und seine Physiognomik sind nicht nur in den Sudelbüchern an der Tagesordnung. Vgl. C 39, C 251, D 30, E 195, E 295, vor allem Heft F, oder G (2) 216.

38 Lichtenberg, B 229.

39 Vor allem Sudelbuch J strotzt vor Eintragungen zu Bacon, vgl. J 1061 f.

40 Nietzsche, KSA 2, *Menschliches, Allzumenschliches 2* (im folgenden MA 2), *Vermischte Meinungen und Sprüche* (im folgenden VMS), Aph.-Nr. 113.

41 Ebd.

Lichtenberg, in dessen Aufzeichnungen mit Swift, Chesterfield und Shenstone[42], neben Sterne, englische Schriftsteller in der Nachfolge La Rochefoucaulds erwähnt werden, formuliert so: „Die englischen Genies gehen vor der Mode her und die deutschen hinten drein."[43]

So kennt und schätzt Lichtenberg auch die französischen Moralisten[44], wenngleich umstritten ist, inwieweit sie ihm bewußt als gattungswegweisend galten.

Diese Ungewißheit führte zu einer Einstufung als „naiver Aphoristiker", mit einem Einschlag zur ästhetischen Form, wie es Requadt und Müller immer wieder auf ein Neues formuliert haben.[45]

Bei Lichtenberg findet zudem ein Bedeutungswandel des Wortes Aphorismus statt. Während er anfangs aphoristische Kürze und Präzision für eine didaktische Verbesserung hält[46], gebraucht er den Begriff seit circa 1779 im „Sinne derber satirischer Bemerkungen"[47] – dies macht er jedoch nicht in Bezug auf die Aufzeichnungsform seiner Sudelbücher. Die Verwendung des Wortes Sentenz, die dem Begriff Aphorismus gegenüber, innerhalb der Sudelbücher quantitativ bevorzugt wird, wird genauso wenig bewußt für das eigene Sprech-Schreiben benutzt.

Demgegenüber sprechen für eine bewußt intendierte Darstellungsform und gegen das (Vor-)Urteil des fehlenden Gattungsbewußtseins die folgenden Worte: „Es gibt Materien in der Welt, die sich am füglichsten in Registern, andere die sich in Noten, wieder andere, die sich fast allein in Dedikationen sagen lassen. Andere nehmen sich im Vorbeigehen gesagt am besten aus."[48]

---

42   Vgl. zum Beispiel Lichtenberg, D 43, D 44, F 355, F 356 (Swift), D 554, D 555, J 199, J 209 (Chesterfield) und J 506 (Shenstone).
43   Lichtenberg, C 53.
44   Vgl. zum Beispiel Lichtenberg C 193, E 29, L 275 (Pascal, den er noch am häufigsten erwähnt), E 218, J 283 (La Rochefoucauld) oder K (2) 130 (Chamfort).
45   Vgl. Requadt, *Lichtenberg – Zum Problem der deutschen Aphoristik* (im folgenden *Lichtenberg*), S. 111 und Müller, *Formprinzipien des Aphoristischen – Eine Untersuchung der Aphorismen Georg Christoph Lichtenbergs*, S. 8. Knauff weist in seiner Arbeit noch Georg Seidler und Albert Schneider nach, die diese Formulierung bereits 1937 und 1954 benutzten.
46   Vgl. Lichtenberg, H (2), 175 und J (2), 1647.
47   Requadt, *Lichtenberg*, S. 115.
48   Lichtenberg, C 302. Außerdem heißt es (J 732): „So wie die Malerei, so kann die Philosophie keinen Gegenstand ganz en face, noch weniger mit al-

Auf die Problematik, inwieweit das vorliegende „dynamitische"[49] Werk Nietzsches in seiner Gesamtheit als aphoristisch einzustufen ist, wurde schon im Zusammenhang mit der Dichtung des „Zarathustra" hingewiesen. Die nächste Verwandtschaft zu den in der Neuzeit „formgebenden" und von Nietzsche hochgeschätzten französischen Moralisten[50] haben sicherlich die Schriften aus der sogenannten mittleren Phase, die zu unrecht auch als positivistische Phase bezeichnet worden sind, nämlich von *Menschliches, Allzumenschliches* über die *Morgenröte* bis hin zu *Die fröhliche Wissenschaft*. Außerdem sind von seinen späteren Schriften *Jenseits von Gut und Böse* und *Götzendämmerung* zu nennen. Seinem Nachlaß, seinen Fragmenten, gilt, neben mehr essayistischen Texten, ein zusätzliches Augenmerk meiner Arbeit.

Nietzsche benutzt die Begriffe Sentenz und Aphorismus nicht in verschiedener Bedeutung, in den frühen Schriften bis zum „Zarathustra" bevorzugt er die Verwendung des Wortes Sentenz, später zieht er den Begriff Aphorismus vor.[51]

Während so die behandelte Gattung bei Lichtenberg fast noch unbewußt gehandhabt wurde, zumal er selbst verschiedentlich, in einer Selbstdeutung, seine Aufzeichnungen als Vorstufe zu etwaigen Romanprojekten (miß-)verstanden hat[52], wurde sie später bei Nietzsche bis zu einem

---

      len Zügen darstellen. Jeder sucht eine gewisse Wendung, ein bestimmtes Profil und wählt gewisse Züge die zu demselben passen. Eine neue Theorie ist (oft) der alte Gegenstand von einer neuen Seite abgezeichnet."

49    Nietzsche charakterisiert sich: „Ich bin kein Mensch, ich bin Dynamit", KSA 6, EH, *Warum ich ein Schicksal bin*, Aph.-Nr. 1.

50    So schreibt Nietzsche zu den Büchern einiger französischer Moralisten (KSA 2, MA 2, *Der Wanderer und sein Schatten*, im folgenden WAN, Aph.-Nr. 214): „sie enthalten mehr *wirkliche* Gedanken, als alle Bücher deutscher Philosophen zusammengenommen: Gedanken von der Art, welche Gedanken macht." Nietzsches Texte nehmen immer wieder Bezug auf diese Schriftsteller, vgl. zum Beispiel KSA 2, MA1, Aph.-Nr. 35, 50, 133 (La Rochefoucauld), KSA 3, *Die fröhliche Wissenschaft* (im folgenden FW), Aph.-Nr. 95 (Chamfort) und Aph.-Nr. 101 (Montesqieu und Fontenelle) oder KSA 3, *Morgenröte* (im folgenden M), Aph.-Nr. 46, 68, 79 und 192 (Pascal).

51    Vgl. Greiner, *Friedrich Nietzsche – Versuch und Versuchung in seinen Aphorismen*, S. 9 und Nietzsche, KSA 5, GdM, Vorrede, 2, S. 248. Nietzsche weist hier MA als Aphorismensammlung aus.

52    Vgl. Müller, S. 100.

„Überbewußtsein" ausgereizt, das es allen Aphoristikern in der Nachfolge erschwerte.

Diese Komplizierung, die individuelle Unentschiedenheit von Lichtenberg und Nietzsche, die sich zu der Gattungsproblematik gesellt und in sie übergeht, weist die beiden Autoren gerade als Vollblut-Aphoristiker aus, die anders und radikaler als Goethe, Jean Paul oder fast alle anderen deutschen Aphorismen-Schreiber, mit den Ausnahmen Friedrich Schlegel und Novalis, sich immer wieder mit dieser neuzeitlich-aufsprengenden Denk- und Welthaltung identifizierten.

Während bei den meisten Nachfolgern Lichtenbergs und (Vorgängern) Nietzsches die Aphorismen nur ein Teil ihres Gesamtwerkes ausmachen, schlagen diese aphoristischen Persönlichkeitsstrukturen bei Lichtenberg und Nietzsche immer wieder durch, man könnte fast sagen, daß selbst wenn sie keine Aphorismen schreiben, sie doch oft genug aphoristisch denken. Nietzsches Lyrik und Lichtenbergs Satiren leben auch vom aphoristischen Talent und stehen den „Kurz"-Prosatexten mehr oder wenig deutlich nach, so wiegt der Verlust der nichtfiktionalen Aphorismenhefte Lichtenbergs sicherlich deutlich mehr als der seiner fiktionalen Romanfragmente.[53]

Wenn Neumann schreibt, „der Mensch wird in letzter Konsequenz selbst Aphorismus, er *ist* selbst diese Konfliktform von Erkenntnis"[54], dann gibt es wohl kaum bessere Beispiele, als den Naturwissenschaftler Lichtenberg und den Altphilologen Nietzsche.

Die Offenheit des Denkens (Teil Eins dieser Arbeit) und der Form (Teil Zwei) geht bis in die thematische und inhaltliche Besetzung der Aphorismen hinein, wenn sie sich dabei auch vor allem um interessante Sachverhalte kümmern, um den Leser oder (imaginären) Gesprächspartner zu fesseln – selbst wenn die Ideen der Gattungsträger zumindest teilweise weniger Originalitätsanspruch haben (können) als deren Form. Inwieweit der Formwille den Inhalt letztlich immer weiter zurückdrängt, wird dabei vor allem im zweiten Teil zu überprüfen sein. Laut Fricke verweist R. H. Stevenson darauf, daß „gerade die Altbekanntheit, ja häufig sogar Banalität des Mitgeteilten alle Aufmerksamkeit auf die Formulierung mit subti-

---

53 Das plausible Merkmal der Nichtfiktionalität erkennt Fricke für den Aphorismus. Vgl. *Aphorismus*, S. 7 f.
54 Neumann, *Ideenparadiese*, S. 746.

len rhetorisch- sprachkünstlerischen Mitteln lenke."[55] Die Aphoristik weiß deshalb auch schon seit La Bruyères melancholischem „tout est dit"-Verdikt[56] um seinen Wiederholungscharakter und legt es nicht zuletzt als Schwäche eines herrschenden Zeitgeistes aus, wenn Originalität vor Gründlichkeit geht. Lichtenberg bekennt sich so „süffisant"[57]-fragend zur Wiederholungstäterschaft des „Neuen": „Wie kann dieses 1000 mal Gesagte wieder neu gesagt werden?"[58]

Die philosophischen Prämissen des Aphorismus, die den offenen Inhalten vorausgehen, behandeln die Wahrheitsproblematik, die Sprachskepsis, die Systemkritik, die Lebensphilosophie und das Konfliktdenken als essentielle Grundlagen. Die Formmerkmale der Aphoristik zeigen die alternativen Darstellungsweisen der Inhalte innerhalb der aphoristischen Kurzprosa und den gegenseitigen Einfluß von vermeintlich geschlossener Form und offenem Inhalt, die viel durchlässiger voneinander abhängen, als in der oftmals schroffen und falschen Entgegensetzung angenommen wird. Dies soll an den wichtigsten rhetorischen Form- und Stilmitteln Paradoxon und Metapher, die an Beispielen und theoretischen Annäherungen erläutert werden, veranschaulicht werden. Umklammert wird dieser Teil der Untersuchung von der Bearbeitung weiterer äußerlicher Merkmale, wie der zuerst auffallenden Kürze und Verkürzung, sowie der sie beschließenden Untersuchung der (Schluß-) Pointe und des Witzes, die als weitere Formmerkmale den alten Antagonismus zwischen Kunst, Wissenschaft und Philosophie überwinden wollen und den Aphorismus zu einer adäquaten Darstellungsform erheben, in der nicht nur bei Lichtenberg

---

55    Stephenson, zitiert nach Fricke, *Aphorismus*, S. 6. Diese These Stephensons, die er an Goethes Aphorismen – bei unseren beiden Protagonisten wäre ihm das um so schwerer gefallen – nachzuweisen versucht, steht in ihrer Konsequenz, wie zu sehen sein wird, im diametralen Gegensatz zur Absicht dieser Arbeit, allein, daß die Gattung diese Interpretation ermöglicht, spricht für ihre radikale Offenheit.

56    Vgl. Schalk, *Das Wesen des französischen Aphorismus*, S. 102.

57    Der junge Schnitzler beschreibt die abgenutzten Aphorismen als nervös, blasiert und süffisant (*Buch der Sprüche und Bedenken*, in: Aphorismen und Betrachtungen, in: Gesammelte Werke, S. 363): „süffisant, insofern sie konstatieren, daß irgend etwas, das sie eben bemerken, schon hundertmal dagewesen ist."

58    Lichtenberg, Miszellenheft (2) 43.

zwischen „dem semiotischen System der Sprache und dem Akt des Sprechens"[59] vermittelt wird.

Hierbei soll der in sich angelegte gattungssprengende Charakter der Gattung Aphorismus freigelegt werden, der sich immer wieder zu neuen Ufern aufmacht, und der auch Gattungen wie den Essay und das Tagebuch, denen er verwandt ist, für sich vereinnahmt. Eine eingehendere Untersuchung der Fragestellung nach Gemeinsamkeiten und Unterscheidungen zu Nachbar-Gattungen (auch zu den lyrischen Formen wie Epigramm, Spruchdichtung, Xenien oder Distichon) respektive seinem erklärtem Gattungs-Gegner, dem Roman, würde den Rahmen dieser Arbeit dann jedoch sprengen.[60] Einer Arbeit, der es ebenso wenig darum geht, eine unnötige Zerstückelung der vereinzelten Kurzprosa, unter Segmente wie Sentenz, Maxime, Reflexion, Gnome oder Fragment vorzunehmen, all diese Abzweigungen werden unter dem Wegweiser aphoristisches Denken, aphoristische Haltung, behandelt.

Die Willkürlichkeit der Unterscheidung bei den verschiedenen Ansätzen ist bisweilen geradezu hanebüchen – was bei dem einen der wichtigste Unterscheidungsgrund zwischen Sentenz und Aphorismus ist, ist bei dem anderen die entscheidende Differenz zwischen Fragment und Aphorismus.[61]

Schalk schreibt richtungsweisend für diese Untersuchung: „Unsere wortgeschichtliche Analyse suchte zu erweisen, daß zwischen Maxime, Sentenz, Reflexion und Aphorismus kein grundsätzlicher Unterschied be-

---

59   Arntzen, *Literatur im Zeitalter der Information*, S. 324.
60   Krüger schreibt in seiner Dissertation (S. 24) ähnlich: „Der Aphorismus als philosophische Form überschreitet die Grenzen seines literarischen Gattungsbegriffs."
61   Während Asemissen (S. 167 f.) das Fragment für ungeeignet hält, die „aphoristische Prüfung der Geschlossenheit" zu überstehen, hält er es statt dessen für einen Anfang statt für ein Ende und spricht ihm zudem die Attribute „einfühlende Versenkung", „kindliches Erstaunen", „metaphysisches Suchen" und „mystische Schau" zu. Demgegenüber beschreibt er die Perspektive des Aphorismus als die einer klaren Distanz und souveränen Haltung. Wehe (S. 139) beschreibt dagegen den deutschen Ehrgeiz, Aphorismen „nicht als etwas Abschließendes, sondern als etwas Aufschließendes" gelten zu lassen; „sie sind fortsetzbar und sollen in der Diskussion fortgesetzt werden". Andernorts wird die Sentenz mit seiner vermeintlichen Geschlossenheit dieser Offenheit des Aphorismus entgegengesetzt, so bei Müller (S. 9). Krüger würdigt der fragwürdigen „Todfeindschaft unter Blutsverwandten" (S. 62 f.) zwischen Fragment und Aphorismus sogar ein ganzes Kapitel.

stehen muß."⁶² Wenn Behrendsohn feststellt, daß 2100, also 38%, der Lichtenberg-Notizen als Aphorismen zu bezeichnen sind und Mautner von nur 200 bis 300 Aphorismen⁶³ sprechen will, so hat das vielleicht einen gewissen positiven Unterhaltungswert, lenkt aber eher von unserer Fährte ab.

Hier wird der willkürliche Maßstab eines Gattungsideals angelegt – Asemissen zum Beispiel kürt den Aphorismus: „Der kürzeste Weg zu sich selbst führt um die Welt herum" (Keyserling), als beinahe letzte „Vollendung" der Gattung, weil hier möglichst viele quantitative Merkmale ein- und umgesetzt werden⁶⁴ – unproduktiv ist diese Festlegung eines Gattungsideales allein deshalb, da der Aphorismus gerade diese Unterordnungen und Definitionen regelmäßig flieht.

Auch will meine Untersuchung nicht den Fehler machen, die beispielhaft angeführten Aphorismen in ihrer Mehr- und Vielschichtigkeit, die allerdings nicht unendlich ist, zu Tode zu interpretieren und zu beweisen, denn, so Vauvenargues, „eine Maxime, die erst bewiesen werden muß, ist schlecht formuliert".⁶⁵

Ein negatives Beispiel hierfür gibt der Versuch von Petra Kipphoff ab, innerhalb ihrer Karl Kraus-Dissertation den Aphorismus „Je größer der Stiefel, desto größer der Absatz"⁶⁶ „intensiv" zu interpretieren, ohne ihn überhaupt verstanden zu haben.⁶⁷

Vielmehr ist es ein Ziel dieser Arbeit, den Aphorismus oder das aphoristische Denken als eine denkerische Erkenntnisform und Gattung, „die das Mißtrauen gegenüber den menschlichen Erkenntnismitteln jedem Er-

---

62 Schalk, *Das Wesen des französischen Aphorismus*, S. 89.
63 Vgl. Behrendsohn, *Stil und Form der Aphorismen Lichtenbergs – Ein Baustein zur Geschichte des deutschen Aphorismus*, S. 24, Mautner, *Lichtenberg – Geschichte eines Geistes*, S. 14 und Knauff, S. 11.
64 Vgl. Asemissen, S. 173.
65 Vauvenargues, in: *Die Französischen Moralisten*, Band 1, S. 160.
66 Kraus, *Beim Wort genommen*, in: Werke, Band 3, A 1414.
67 Vgl. Kipphoff, *Der Aphorismus im Werk von Karl Kraus*, S. 99-100, wo sie schreibt: „Das witzige Wortspiel (Absatz = Hacken, und Absatz = Verkaufserfolg), dem dieser Aphorismus seinen Ruhm verdankt, geht auf Kosten der metaphorischen Wirkung: Das Drohen des Stiefels ist verspielt und vertan, wenn sich der kommerzielle ‚Absatz' in den Vordergrund spielt." Kipphoff verkennt hierbei offensichtlich, daß das Wort „ Stiefel" im Süddeutschen auch die Bedeutung „Mist", „Schwachsinn" hat. Vgl. Welser, *Die Sprache des Aphorismus*, S. 72.

kenntnisakt einkonstruiert und zu kritischem Verstehen nutzt"[68] zu (re-)etablieren.

Seine Selbstkritik, Selbstzweifel und Selbstironie als radikaler Ausdruck eines individuellen Selbst-Bewußtseins, nach den Erschütterungen der Neuzeit, die Neumann nach Blumenberg als Kopernikanische Wenden versteht[69], lassen die Konturen einer nimmermüden Kontroll-, Einspruchs- und Erschütterungsmacht erkennen und offenbar werden. Und der Aphorismus erreicht dieses Ziel mit seiner subtilen Doppelspitze, dem philosophischen Säbel, der alte, erstarrte Ordnungen enthauptet, und dem literarischen Florett, das in seiner Antithetik, seinen Metaphern und seiner offenen Formgebundenheit einfach ästhetische (ästhetizistische) Gegenwelten entwirft.

Während in der Aphorismus-Forschung, vor allem der frühen, fast durchgängig die philosophische, die wissenschaftliche und die literarische Perspektive gegeneinander ausgespielt wurden, wird hier versucht, dem aphoristischen Denken die überlegene Rolle gerade darin einzuräumen, daß es sich in seiner Doppel- und Dreifachrolle bewährt. So formuliert Horstmann: „Die Wände zwischen Poesie und Philosophie sind aus Papier. Kaum daß man sich anlehnt, ist man schon im anderen Zimmer."[70] Wenn man so will, wird innenarchitektonisch ein großer Lebensraum, eine Spielwiese aus dem getrenntem Kinderzimmer (Philosophie), Schlafzimmer (Literatur) und Wissenschaft (Badezimmer) kreiert.

Das aphoristische Denken erweitert ein logisch-wissenschaftlich-propositionales Erkenntnisverständnis um die Form der analogisch-poetischen, nicht-propositionalen Erkenntnis zu einem komplementären Pluralismus des Erkenntnisbegriffes.[71] Die Einheit des Erkenntnis-

---

68   Neumann, *Ideenparadiese*, S. 831.
69   Vgl. ebd., S. 41. Neumann versteht unter der kopernikanischen Wende die Zerstörung der einstmals problemlosen Harmonie zwischen Mikro- und Makrokosmos, die zuerst an Kopernikus und gut 250 Jahre später an Kant festgemacht wird. Es wäre wohl ein Leichtes, die Anzahl dieser und anderer radikaler Umbrüche und Umstürzler (auf die Vorschlagliste könnte man so Kolumbus, Newton, Einstein, oder auch unsere Protagonisten Nietzsche und Lichtenberg setzen) noch weiter in die Höhe zu schrauben.
70   Horstmann, *Infernodrom*, S. 89.
71   Vgl. Gabriel, *Zwischen Logik und Literatur*, S. 202 f. und *Literarische Formen und nicht propositionale Erkenntnis in der Philosophie*, in: Literarische Formen der Philosophie, S. 1 f.

Begriffes würde mit Gabriel nicht-monistisch „*durch* Mannigfaltigkeit"[72] gerettet – der Aphorismus und sein „stilistischer Pluralismus"[73] ermöglichen ein „*fortwährendes Interpretieren*".[74]

Die aphoristische Form des (Sym-)Philosopheins verweigert sich so jedem methodologischen Zugriff, sei es des Szientismus, des Positivismus, der Hermeneutik, der Logik, der analytischen Philosophie oder des Dekonstruktivismus – wenn er auch letzterem nähersteht als dem Szientismus – ist der Dekonstruktivismus doch ein junger Abkömmling einer ontologiekritischen, und damit auch aphoristischen, Tradition: „Die permante Sinnverschiebung Derridas ist nichts anderes als die sprachphilosophische Wiederkehr des permanenten Werdens Heraklits."[75]

Der schwächste Punkt des Dekonstruktivismus – aus der Sicht des Aphorismus – ist das Erwachsen einer neuerlichen Schulphilosophie – wenn auch mit einer „Logik der Unentscheidbarkeit"[76] – bis hin zu einem Sendungs-Apparat, mit spannungslosen Lehrsätzen, apodiktischen Feststellungen und standardisierten Schlagwörtern, der den „höchsten Grad von Individualität"[77] verneint, der nur dann erreicht werden kann, „wenn jemand in der höchsten Anarchie sein Reich gründet als Einsiedler."[78]

Die Zerstückelung und Vereinzelung des Aphorismus zwischen leidenschaftlichem Trotzdem-Erkennen-Wollen und seinem rationalen Bedenken der Grenzen der mentalen Kompetenz und seinen Erkenntnismöglichkeiten, eröffnet einen weiten Spielraum, den er spontan-manieristisch besetzt und nicht – wie teilweise im Dekonstruktivismus – aufgibt.

Das „moderne", europäische und aphoristische Individuum wird so gerade dadurch wieder mündig, daß es sich den Verlust der Mündigkeit eingesteht und dem Konfliktpotential des einzelnen, zwischen Elend und kritischer Energie, zwischen autonomem Menschsein und zerrissener Ohnmacht, gewahr wird. Die aphoristische Tradition hält so gerade die Fahne einer (realen) Aufklärung und eines (realen) Humanismus hoch, indem sie einen skeptischen bis nihilistischen Nebenpfad eröffnet, der sämtlichen

---

72  Gabriel, *Zwischen Logik und Literatur*, S. 209.
73  Vgl. Tebartz van Elst, *Ästhetik der Metapher – Zum Streit zwischen Philosophie und Rhetorik bei Nietzsche*, S. 206 f.
74  Vgl. ebd.
75  Gabriel, *Ästhetischer „Witz" und logischer „Scharfsinn"*, S. 2.
76  Vgl. Hamacher, *Echolos*, in: Nietzsche aus Frankreich, S. 14.
77  Nietzsche, N, KSA 9, 6 (60), S. 209.
78  Ebenda.

Schul- und Systemphilosophien gegenüber mindestens ebenbürtig ist, weil sie sich nämlich gerade einer (optimistischen) Ziel-, Deduktions- und Symmetrievorgabe und den ihnen eigenen Vorurteilswelten versagt.

Der Aphorismus riskiert es so, spielerisch, mit seinen fliegenden Fahnen unterzugehen, während der ungeneigte und unbedarfte Leser ein Über- und Davonlaufen befürchtet. Dabei ist das das allerletzte, was ihm einfallen würde.

# Wahrheitsproblematik – Entlarvung, Wahrhaftigkeit, Wirkung und Schein

„Wahrheit ist die Art von Irrthum, ohne welche eine bestimmte Art von lebendigen Wesen nicht leben könnte."[79]
*Friedrich Nietzsche*

Zuerst sollen die Erkenntnisse, Einstellungen und Sprünge von Lichtenbergs und Nietzsches Philosophieren im Bezug auf die Wahrheitsproblematik als erster Gattungsprämisse überprüft werden.

Die Fundamentalfrage nach und um Wahrheit wird in der Aphoristik immerhin noch gestellt, und zwar mit allen sie begleitenden Problemen, die der abendländischen Geschichte des (Wahrheits-)Denkens inhärent sind, verschärft durch die frühe Neuzeit, die Neumann an Kopernikus und Kant dingfest macht.[80] Die Auseinandersetzung mit der Erkenntnis und das Zweifeln, die Skepsis gegenüber grenzüberschreitender Erkenntnis, wird in der philosophisch-literarischen Kunstform Aphorismus praktisch zur heuristischen „Methode" erhoben. So schreibt Lichtenberg: „Dinge zu bezweifeln, die ganz ohne weitere Untersuchung jetzt geglaubt werden, das ist die Hauptsache überall."[81] Und an anderer Stelle: „Zweifle an allem wenigstens Einmal, und wäre es auch der Satz: zweimal 2 ist 4."[82]

Ernst Platner schreibt in seinen *Philosophischen Aphorismen*: „Die Skeptiker leugnen nicht die Wirklichkeit der Ideen, sondern die Erweislichkeit ihrer Wahrheit, d. h. ihrer Übereinstimmung mit den Dingen selbst. Der Charakter des ächten Scepticismus ist die völlige Unentschiedenheit (Hac epochae)."[83]

In den Texten der beiden Protagonisten wird es interessant sein, diese Frage von dem „unbewußten" Gattungsgründer Lichtenberg bis zum

---

79  Nietzsche, N, KSA 11, 34 (253), S. 506.
80  Vgl. Neumann, *Ideenparadiese*, z. B. S. 41.
81  Lichtenberg, J (2) 1276.
82  Lichtenberg, K (2) 303.
83  Platner, *Philosophische Aphorismen nebst einigen Anleitungen zur philosophischen Geschichte*, S. 120. Jean Paul wirft Platner laut Requadt (*Lichtenberg*, S. 120) übrigens Etikettenschwindel vor, da seine Aphorismen von einem Systemcharakter geprägt sind.

„überbewußten" Gattungsvirtuosen Nietzsche zu begleiten. Es wird zu sehen sein, daß bei (und wegen?) allen Aporien und Widersprüchen, die die Frage nach Wahrheit implizieren, und die von beiden Aphoristikern aufrichtig durchgedacht und durchgespielt werden, die Bindung an die Kunstform Aphorismus viele Gemeinsamkeiten, bei wichtigen Unterschieden, an das Tageslicht befördert. Lichtenbergs Notizen und Aphorismen, die am Ende der Epoche der Aufklärung entstanden, deuten das Mißtrauen in die menschliche Vernunft als denkerische Kardinaltugend an: „Wahrhaftes unaffektiertes Mißtrauen gegen menschliche Kräfte in allen Stücken ist das sicherste Zeichen von Geistesstärke."[84]

Mit Hilfe des (noch) gesunden Menschenverstands[85] und seinem Vertrauen in eigene Weisheit und Intuition versucht sich Lichtenberg mit Hilfe seiner „Pfennigs-Wahrheiten"[86] scheinbar niedrigere Wahrheitswelten (selbst-)beobachterisch abzuringen: „Man soll seinem Gefühl folgen und den ersten Eindruck, den eine Sache auf uns macht, zu Wort bringen. Nichts als wenn ich Wahrheit so zu suchen riete, sondern weil es die unverfälschte Stimme unserer Erfahrung ist, das Resultat unserer besten Bemerkungen, da wir leicht in pflichtmäßiges Gewäsch verfallen, wenn wir erst nachsinnen."[87]

Dieses Vorhaben wird mit einem schlichten, sachgerechten Sprachstil angegangen, Requadt formuliert: „Lichtenbergs Schreibart ist die des ‚sermo pedester' in der zweiten Bedeutung. In ihm fließt zusammen, was er als aufrichtiges Selbstbekenntnis, als ungekünstelte, lebensnahe Beobachtung, als geklärte, glanzlose Wahrheit aussagt."[88]

Lichtenberg selbst schreibt programmatisch an Riedel: „Mit meiner Schreibart mußt du es so genau nicht nehmen. Deutsch und Wahrheit das ist alles was ich suche ...".[89]

Vor allem zu Beginn seiner Aufzeichnungen steht das Vorbild des gebildeten, gesitteten, wissenden Menschen, mit einem lästigen „Stück Ar-

---

84　Lichtenberg, F 326.
85　Zum gesunden Menschenverstand notiert Lichtenberg (A 136) spöttisch: „In Zezu sind Professores, die gesunden Menschen-Verstand lehren. Die Demütigung in welcher dort der Student lebt."
86　Vgl. Lichtenberg, B 116, 128, 195 und F 1219, wo Lichtenberg diese Bezeichnung verwendet.
87　Lichtenberg, E 454.
88　Requadt, *Lichtenberg*, S. 134.
89　Lichtenberg, B 96.

beit"[90] verbunden „die Pflicht *weiser* zu werden"[91] vor seinen Augen: „Weiser werden heißt immer mehr und mehr die Fehler kennen und lernen, denen dieses Instrument, womit wir empfinden und urteilen, unterworfen sein kann. Vorsichtigkeit im Urteilen ist was heutzutage allen und jeden zu empfehlen ist, gewönnen wir alle 10 Jahre nur *eine* unstreitige Wahrheit von jedem philosophischen Schriftsteller, so wäre unsere Ernde immer reich genug."[92]

Ähnlich wie Hamann[93] beruft Lichtenberg die Leidenschaft im weiteren Sinne, ganz in der Tradition der Aufklärung, zu einem entscheidenden Segment der Erkenntnis: „Man hat bisher in der Abhandlung andrer Wahrheiten, als der mathemat(ischen). und physikalischen, die Sätze die man erweisen, andern erläutern wollte gleich zu verwickelt angenommen, und man geriet notwendiger Weise in Verwirrungen. Wenn man den Ursprung der Winde erläutern will, so betrachtet man eine Luftkugel ohne auf Wasser oder Erde zu sehen und sieht, was die anziehende Kraft des Monds für Veränderungen in derselben hervorbringen kann. Wenn man die Regeln des Geschmacks aufsuchen will, sollte man erst überhaupt die Veränderung einer empfinden(den) Substanz betrachten, hernach immer Leidenschaften zusetzen, immer neues Interesse addieren bis wir endlich den Menschen heraus hätten."[94]

Außer diesem Interesse, das man in diesem Zusammenhang neben Schopenhauers Willen oder Freuds Trieb als irrationale Triebfeder erkennen könnte, wird die Veränderlichkeit des Wahrheitsbegriffes namhaft gemacht. So heißt es: „Die Katholiken bedenken nicht, daß der Glaube der Menschen sich auch ändert, wie überhaupt die Zeiten und Kenntnisse der

---

90 Lichtenberg, *Nicolaus Copernicus*, Band 3, Beilage 2, S. 184.
91 Ebd.
92 Lichtenberg, A 137.
93 Hamann, *Aesthetica in nuce*, in: Kreuzzüge eines Philologen (in: Band 2: Schriften über Philosophie/Philologie/Kritik, in: Historisch-Kritische Ausgabe, S. 208 f.) stellt so fest: „Leidenschaft allein giebt Abstraktionen sowohl als Hypothesen Hände, Füße, Flügel; Bildern und Zeichen Geist, Leben und Zunge. Warum soll ich ihnen ... Ein Wort durch unendliche umschreiben, da sie die Erscheinungen der Leidenschaften allenthalben in der menschlichen Gesellschaft selbst beobachten können ...; wie wir die allgemeinsten Fälle durch eine persönliche Anwendung uns zuzueignen wissen, und jeden einheimischen Umstand zum öffentlichen Schauspiele Himmels und der Erde ausbrüten."
94 Lichtenberg, A 102.

Menschen. Hier zunehmen und dort stille stehn ist den Menschen unmöglich. Selbst die Wahrheit bedarf zu andern Zeiten wieder einer andern Einkleidung um gefällig zu sein."[95]

Neue Erkenntnisse lassen den Vorläufigkeitscharakter der Wahrheit erkennen, ein Erkenntnisrelativismus deutet sich, wenn auch vorsichtig, an: „Es gibt Wahrheiten, die so ziemlich herausgeputzt einhergehen, daß man sie für Lügen halten sollte, und die nichts desto weniger reine Wahrheiten sind."[96]

Lichtenbergs skeptische Fragen und kritische Spekulationen haben das Ziel der Entlarvung und ringen um Wahrhaftigkeit, im Mittelpunkt steht „das stets wachsame Mißtrauen gegen Autoritäten, Dünkel, Übertreibung, Vorurteil und Unduldsamkeit."[97] Und: „Die meisten Glaubenslehrer verteidigen ihre Sätze, nicht weil sie von der Wahrheit derselben überzeugt sind, sondern weil sie die Wahrheit derselben einmal behauptet haben."[98]

Lichtenberg stellt die Wahrheit vor den ästhetischen Maßstab an die Sprache und wendet sich dem einfachen, derben Leben in seiner Häßlichkeit, seinem Zerfall und seinem Humor als gesunder, aufrichtiger Wirklichkeit zu.

Ob damit, wie Pinder schreibt, der Klassizismus, „mit seinem Drange nach Allgemeinheit, nach dem Über-Individuellen, dem Nicht-Zufälligen, dem festen Gesetze"[99] in allem sein „Widerpart"[100] gewesen sein soll, ist sicherlich zweifelhaft, weil es den Charakter der ersten deutschen Aphorismen nicht völlig gerecht wird (siehe das Kapitel Konfliktdenken).

Lichtenberg findet es „schlimm genug, daß heut zu Tage die Wahrheit ihre Sache durch Fiktion, Romane und Fabeln führen lassen muß"[101] und erkennt „die tausend Hindernisse"[102], die zu überwinden sind, hält aber als Skeptiker an ihr als Zielvorgabe fest, er hat sozusagen die Wahrheit noch, auch wenn sich vom Wahrsagen besser leben läßt als vom Wahrheit sagen.[103] Erst Nietzsche geht dann noch einen Schritt weiter, indem er

---

95 Ebd., C 223.
96 Ebd., H (2) 27.
97 Wuthenow, *Lichtenbergs Skepsis*, in: Das Bild und der Spiegel – Europäische Literatur im 18. Jahrhundert, S. 154.
98 Lichtenberg, J 521.
99 Pinder, zitiert nach Requadt, *Lichtenberg*, S. 110.
100 Ebd.
101 Lichtenberg, J 1030.
102 Ebd., E 196.
103 Ebd., vgl. J 787.

schreibt, das „Neue an unserer jetzigen Stellung zur Philosophie ist die Überzeugung, die noch kein Zeitalter hatte: *daß wir die Wahrheit nicht haben.*"[104]

Lichtenbergs Denken zur Sprachphilosophie, das auf das engste mit der Wahrheitsproblematik zusammenhängt, ist demgegenüber, wie das nächste Kapitel erweisen soll, deutlich radikaler, also auch näher an Nietzsches sprachphilosophischen Ein- und Ansichten.

Wenn Lichtenbergs Skepsis also wie ein Windstoß nur ansatzweise diese Skepsis selbst noch in Zweifel zieht, brauchte es mit Nietzsche „das Erdbeben der Epoche"[105], um diese jahrtausendealte triebhafte Verwurzelung des Glaubens in der Wahrheit („Es giebt keinen Trieb nach Erkenntniss und Wahrheit, sondern nur einen Trieb nach Glauben an die Wahrheit. Die reine Erkenntnis ist trieblos"[106]) endgültig zu gefährden. So verrät bereits ein Schüleraufsatz des knapp achtzehnjährigen Nietzsche dieses ehrgeizige Orkanpotential, das sich noch bescheiden gebärt: „Ein solcher Versuch ist nicht das Werk einiger Wochen, sondern eines Lebens ... Die Macht der Gewohnheit, das Bedürfnis nach höherem Streben, der Bruch mit allem Bestehenden, Auflösung aller Formen der Gesellschaft, der Zweifel, ob nicht zweitausend Jahre schon die Menschheit durch ein Trugbild irregeleitet, das Gefühl der eigenen Vermessenheit und Tollkühnheit: das alles kämpft einen unentschiedenen Kampf."[107] Der metaphysische Glaube an Vernunft und Wahrheit hängt bei Nietzsche mit dem Gottesglauben zusammen, beide sind oftmals praktisch identisch.

Mit der Infragestellung der Gewißheit, „daß Gott die Wahrheit ist, daß die Wahrheit *göttlich* ist"[108], fixiert Nietzsche: „der Werth der Wahrheit ist versuchsweise einmal in *Frage zu stellen.*"[109]: „Aber wie, wenn gerade dies immer mehr unglaubwürdig wird, wenn Nichts sich mehr als göttlich erweist, es sei denn der Irrthum, die Blindheit, die Lüge, – wenn Gott selbst sich als unsre *längste Lüge* erweist?"[110] Nietzsche antwortet sich:

---

104  Nietzsche, KSA 9, 3 (19), S. 52.
105  Benn, *Nietzsche – nach 50 Jahren*, in: Gesammelte Werke, Band 1, S. 484.
106  Nietzsche, N, KSA 7, 29 (14), S. 631.
107  Nietzsche, *Fatum und Geschichte*, zitiert nach Curt Paul Janz, *Friedrich Nietzsche – Biographie*, Band 1, S. 99.
108  Nietzsche, KSA 5, GdM, *Was bedeuten asketische Ideale*, Abschnitt. 24, S. 401.
109  Ebd.
110  Ebd.

„Es ist die Ehrfurcht gebietende *Katastrophe* einer zweitausendjährigen Zucht zur Wahrheit, welche am Schlusse sich die *Lüge im Glauben an Gott* verbietet."[111]

Das Vertrauen in eine vermeintlich objektive Vernunft wird erschüttert und destruiert, die logischen Denkkategorien sind lebensnotwendige Täuschungen, Fiktionen statt Wahrheiten: „Die Logik ist geknüpft an die Bedingung: *gesetzt, es giebt identische Fälle.* Thatsächlich, damit logisch gedacht und geschlossen werde, *muß diese* Bedingung erst als erfüllt fingirt werden. Das heißt: der Wille zur *logischen Wahrheit* kann sich erst vollziehen, nachdem eine grundsätzliche *Fälschung* allen Geschehens vorgenommen ist (...) die Logik stammt *nicht* aus dem Willen zur Wahrheit."[112]

Nietzsche geht es um einen Bruch mit dem platonischen Denken – der herkömmliche Erkenntnis- und Logikbegriff ist fundiert auf Kategorien wie dem Satz vom Widerspruch, dem Satz von der Identität und vom auszuschließenden Dritten – aus Fälschungen zum Zwecke der Nützlichkeit: „Vor der Logik, welche überall mit Gleichungen arbeitet, muß das Gleichmachen, das Assimilieren gewaltet haben: und es waltet noch fort, und das logische Denken ist ein fortwährendes Mittel selber für die Assimilation, für das Sehen-*wollen* identischer Fälle."[113] Und: „Aber das sind gar keine Erkenntnisse? sondern *regulative Glaubensartikel.*"[114] Dem ständigen, unformulierbaren, heraklitischen Werden gegenüber ist der Intellekt, der sich immer nur in Sicherheit, und damit Starrheit, wiegen will, unterlegen.

Obwohl der Intellekt im Dienste des Lebens steht, ist er in letzter Konsequenz für den Menschen unnötig und gefährlich: *„Aus der Erfahrung. – Die Unvernunft einer Sache ist kein Grund gegen ihr Dasein, vielmehr eine Bedingung desselben."*[115]

Die metapysische Vernunft in der Welt wird immer wieder verleugnet: „Doch man wird es begriffen haben, worauf ich hinauswill, nämlich daß es immer noch ein *metaphysischer Glaube* ist, auf dem unser Glaube an die Wissenschaft ruht, – daß auch wir Erkennenden von heute, wir Gottlosen und Antimetaphysiker, auch *unser* Feuer noch von dem Brande neh-

---

111 Ebd., Abschnitt 27, S. 409.
112 Nietzsche, N, KSA 11, 40 (13), S. 633-634.
113 Nietzsche, N, KSA 11, 40 (33), S. 645.
114 Nietzsche, N, KSA 12, 7 (4), S. 266.
115 Nietzsche, KSA 2, MA 1, Aph.-Nr. 515.

men, den ein Jahrtausende alter Glaube entzündet hat, jener Christenglaube, der auch der Glaube Plato's war, daß Gott die Wahrheit ist, daß die Wahrheit göttlich ist."[116]

Der Auftritt der Vernunft selbst ist unvernünftig, ein Zufall: „*Vernunft.* – Wie die Vernunft in die Welt gekommen ist? Wie billig, auf eine unvernünftige Weise, durch einen Zufall. Man wird ihn errathen müssen, wie ein Räthsel."[117] Die Vernunft ist damit ein Rätsel, das der Wahrheit nicht nur unterlegen ist, sondern auch noch zu ihrem Antipoden wird. Wahrheit wird bei Nietzsche ohne und gegen die Vernunft „das ungeheure, bezaubernde und erschreckende Dunkel".[118]

Die Entschleierung des Dunkels der Wahrheit durch das bißchen menschliche Vernunft wird in seiner begrenzten, sich selbst überschätzenden Kläglichkeit aufgeklärt: „*Letzte Skepsis.* – Was sind denn zuletzt die Wahrheiten des Menschen? – Es sind die *unwiderlegbaren* Irrthümer des Menschen"[119] und: „Wie vermochten wir das Meer auszutrinken? Wer gab uns den Schwamm, um den ganzen Horizont wegzuwischen? Was thaten wir, als wir diese Erde von ihrer Sonne losketteten? Wohin bewegt sie sich nun? Wohin bewegen wir uns? Fort von allen Sonnen? Stürzen wir nicht fortwährend? ... Giebt es noch ein Oben und ein Unten? Irren wir nicht durch ein unendliches Nichts? ... Ist es nicht kälter geworden?"[120]

Häntzschel-Schlotke formuliert: In der „Schärfe seiner Kritik und Polemik gegen jede Art von Glauben, Überzeugungen ..., von vorschnellen, zum Zwecke des Vorteils gefällten Urteilen wird der Ernst offenbar, mit dem Nietzsche um das Problem der Wahrheit ringt."[121] Nietzsche fordert: „Ich verstehe unter ‚Freiheit des Geistes' etwas sehr Bestimmtes: hundertmal den Philosophen und andern Jüngern der ‚Wahrheit' durch Strenge gegen sich überlegen sein, durch Lauterkeit und Mut, ... ich behandle die bisherigen Philosophen als *verächtliche libertins* unter der Kapuze des Weibes ‚Wahrheit.'"[122]

---

116 Nietzsche, KSA 3, FW, Aph.-Nr. 344.
117 Nietzsche, KSA 3, M, Aph.-Nr. 123.
118 Jaspers, *Die Frage nach der Wahrheit bei Nietzsche*, so betitelt nach Guzzoni (Hrsg.), in: 100 Jahre philosophische Nietzsche-Rezeption, S. 62 f.
119 Nietzsche, KSA 3, FW, Aph.-Nr. 265.
120 Nietzsche, KSA 3, FW, Aph.-Nr. 125, der tolle Mensch.
121 Häntzschel-Schlotke, *Der Aphorismus als Stilform bei Nietzsche*, S. 6.
122 Nietzsche, N, KSA 13, 22 (24), S. 594.

Jaspers analysiert: „Nietzsches philosophische Kraft erweist sich in dem ständigen Überwinden jeder Gestalt der Wahrheit, die einen Augenblick als die Wahrheit selbst sich geben möchte. Was auch vorkommt, es ist immer nur gleichsam ein Statthalter der Wahrheit, nicht diese selbst."[123] Folgerichtig heißt es: „Thatsachen giebt es nicht, nur Interpretationen"[124] und „Es giebt keine ‚Wahrheit'"[125], sowie „der ‚Begriff' Wahrheit ist *widersinnig* ... das ganze Reich von ‚wahr' ‚falsch' bezieht sich nur auf Relationen zwischen Wesen, nicht auf das ‚An sich' ... *Unsinn:* es giebt kein ‚Wesen an sich', die Relationen constituiren erst Wesen, so wenig es eine ‚Erkenntniß an sich' geben kann."[126]

Unendliche Interpretationen und ein absoluter Relativismus („wir sind heute zum Mindesten ferne von der lächerlichen Unbescheidenheit, von unserer Ecke aus zu dekretieren, daß man nur von dieser Ecke aus Perspectiven haben *dürfe*. Die Welt ist uns vielmehr noch einmal ‚unendlich' geworden: insofern wir die Möglichkeit nicht abweisen können, daß sie *unendliche Interpretationen in sich schließt*"[127]) das „gefährliche Vielleicht"[128], desavouiren das Gut/Böse und Wahr/Unwahr-Schema, sie ermöglichen anstelle einer Wahrheit mehrere Wahrheiten, je nach Perspektive und Gusto.

Häntzschel-Schlotke beschreibt das Nietzschesche Wahrheits-Dilemma wie folgt: „Nietzsches Wortgebrauch des Begriffes ‚Wahrheit' und seine Gedanken zu dieser ‚Sache' Wahrheit erscheinen also äußerst widersprüchlich; denn Nietzsche sieht sich gezwungen, um über das Phänomen Wahrheit etwas Wahres auszusagen, nämlich dessen Falschheit zu beweisen, mit einem Begriff (dem der Wahrheit) zu operieren, dessen Definition und Fundament er bereits geleugnet hat."[129]

Bindschedler versucht diese Problematik mit einem doppelten Wahrheitsbegriff zu entspannen, indem sie den Doppelaspekt Wahrheit und Kunst beleuchtet: „Hier tritt nun aber eine Zweideutigkeit des Wahrheitsbegriffs, und mit ihm verbunden, des Ethischen zu Tage, über die Nietzsche sich nirgends Rechenschaft abgelegt hat. Einerseits gibt es offenbar

---

123 Jaspers, *Die Frage nach der Wahrheit bei Nietzsche*, S. 64.
124 Nietzsche, N, KSA 12, 7 (60), S. 315.
125 Ebd., N, KSA 12, 2 (108), S. 114.
126 Nietzsche, N, KSA 13, 14 (122), S. 303.
127 Nietzsche, KSA 3, FW, Aph.-Nr. 374.
128 Nietzsche, KSA 5, JEN, Aph.-Nr. 2.
129 Häntzschel-Schlotke, S. 7.

ein ‚Wahres', das schon immer vorhanden war, und welches durch Nachbildung, Umgestaltung und Neuschöpfung, das heißt durch jederlei Art von Kunst nur verfälscht werden kann. Andrerseits scheint es ein Wahres zu geben, das sich dem Menschen als die erst zu erfüllende Aufgabe darstellt: als das zu verwirklichende sittliche Ideal, in dessen Dienst dann auch das Kunstwerk stehen kann. An dem ersten Wahrheitsbegriff gemessen sind alle Künstler ‚Lügner'."

Im Hinblick auf den zweiten Wahrheitsbegriff aber besteht zwischen Kunst und Wahrheit eine Brücke; denn diese Form der Wahrheit *ist* zwar auch in einem gewissen virtuellen Sinne bereits schon (sonst wäre sie überhaupt nicht wahr), bedarf jedoch zugleich noch der Verwirklichung im Bereich des menschlichen Geschehens. Eine solche Verwirklichung bedeutet alles von Menschenhand gemachte: jede ‚Tat' und jedes ‚Kunstwerk' im engeren Sinne".[130]

Für den zweiten Teil dieser These sprechen die folgenden Worte, die die Wahrheit als Willen zur Macht deuten: „Der Wille zur Wahrheit ist ein Fest-*machen*, ein Wahr-Dauerhaft-*Machen*, ein Aus-dem-Auge-schaffen jenes *falschen* Charakters, eine Umdeutung desselben ins *Seiende*. Wahrheit ist somit nicht mehr etwas, das da wäre, – sondern etwas, *das zu schaffen ist*, und das den Namen für einen *Prozeß* abgibt, mehr noch für einen Willen der Überwältigung, der an sich kein Ende hat: Wahrheit hineinlegen als ein processus in infinitum, ein *aktives Bestimmen, nicht* ein Bewußtwerden von etwas, (das) ‚an sich' fest und bestimmt wäre. Es ist ein Wort für den ‚Willen zur Macht'."[131]

Allerdings erscheint die Fixierung auf ein sittliches Ideal, die dem ersten, beinahe naiv-primitiven Wahrheitsbegriff anhaftet, bei Bindschedler etwas zu vereinfachend, selbst bei reinen Skeptikern, wie Lichtenberg, läßt sich die Frage nach Wahrheit nicht derart entproblematisieren. Als Wille zur Macht wird die Wahrheit – radikaler als es Bindschedler wahrhaben will – zur Leugnerin des „Dinges an sich" zugunsten eines dionysischen und nicht-propositionalen Erkenntnisverständnisses, zur Überwältigerin des Lebens (siehe Lebensphilosophie-Kapitel), zur Anbeterin des apollinischen, lichten Scheines.

---

130 Bindschedler, *Nietzsche und die poetische Lüge*, S. 63. Jaspers beleuchtet demgegenüber den Doppelaspekt Wahrheit und Existenz. Vgl. Jaspers, *Nietzsche – Einführung in das Verständnis seiner Philosophie*, S. 191 f. und Häntzschel-Schlotke, S. 8.
131 Nietzsche, N, KSA 12, 9 (91), S. 384 -385. Vgl. Krüger, S. 90.

Eine „Schein"-Wahrheit, die zudem häßliche Facetten offenbart: „Ein Philosoph erholt sich anders und in Anderem: er erholt sich z. B. im Nihilismus. Der Glaube, daß es gar keine Wahrheit giebt, der Nihilistenglaube, ist ein großes Gliederstrecken für einen, der als Kriegsmann der Erkenntniß unablässig mit lauter häßlichen Wahrheiten im Kampfe liegt. Denn die Wahrheit ist häßlich."[132] So ist „nicht mehr als ein moralisches Vorurtheil, daß Wahrheit mehr werth ist als Schein."[133]

In den mehrheitlichen Passagen trägt trotzdem das schöpferische Ausdrucksvermögen Nietzsches den Teilsieg über seinen philologischen Kritizismus davon. Nietzsches Denken kann auch als immer wieder neue Ausfechtung dieses Grundkonfliktes angesehen werden, dessen vereinigendes Band die Radikalität und der Fanatismus[134] – mit aristokratischem Anstrich – darstellt. Seine wissenschaftliche Redlichkeit und seine Ehrfurcht vor dem Ethos der Philologie zeichnen den „Don Juan der Erkenntniss"[135] und „Freier der Wahrheit"[136] nicht ausschließlich in seiner Frühphase aus und wirken scheinbar unscheinbar bis zu seinen letzten Schriften nach. So wird noch im Antichristen als einziges Wort, „*das Werth hat*"[137], die Frage: „was ist Wahrheit?"[138] beschrieben. Eine Frage, die auch deshalb so oft negativ beantwortet wird, weil die Menschen „die Wahrheit im Grunde ihrer Seelen wegen ihrer Bestimmtheit *hassen*."[139]

Nietzsches Wunsch, nicht mißverstanden zu werden und seine Forderung nach richtigem Lesen und der „*intellektuellen Rechtschaffenheit eines Denkers*, seine Instinkt gewordene Feinheit, Tapferkeit, Vorsicht, Mäßigung"[140] kristallisiert sich in der Vorrede zur Morgenröte heraus: „Philologie nämlich ist jene ehrwürdige Kunst, welche von ihrem Verehrer vor allem Eins heischt, bei Seite gehn, sich Zeit lassen, still werden, langsam

---

132 Nietzsche, N, KSA 13, 11 (108), S. 51.
133 Nietzsche, KSA 5, JEN, Aph.-Nr. 34.
134 Vgl. Nietzsche, KSA 6, *Nietzsche contra Wagner* (im folgenden NcW), S. 428, wo Nietzsche den Begriff *„Fanatiker des Ausdrucks"* auf Wagner und die französische Romantik anwendet und vielleicht abermals nur sich selbst charakterisiert.
135 Vgl. Nietzsche, KSA 3, M, Aph.-Nr. 327.
136 Vgl. Nietzsche, KSA 3, FW, Aph.-Nr. 249 und KSA 6, *Dionysos – Dithyramben*, Nur Narr! Nur Dichter!, S. 377.
137 Nietzsche, KSA 6, *Der Antichrist* (im folgenden AC), Abschnitt 46, S. 225.
138 Ebd.
139 Nietzsche, KSA 2, MA 2, VMS, Aph.-Nr. 7.
140 Ebd., N, KSA 13, 14 (132), S. 314.

werden – als eine Goldschmiedekunst und -kennerschaft des *Wortes*, die lauter feine vorsichtige Arbeit abzuthun hat und Nichts erreicht, wenn sie es nicht lento erreicht. Gerade damit aber ist sie heute nöthiger als je, gerade dadurch zieht sie und bezaubert sie uns am stärksten, mitten in einem Zeitalter der ‚Arbeit', will sagen: der Hast, der unanständigen und schwitzenden Eilfertigkeit, das mit allem gleich ‚fertig werden' will; auch mit jedem alten und neuen Buche: – sie selbst wird nicht so leicht irgend womit fertig, sie lehrt *gut* lesen, das heißt langsam, tief, rück- und vorsichtig, mit Hintergedanken, mit offen gelassenen Thüren, mit zarten Fingern und Augen lesen ... Meine geduldigen Freunde, dies Buch wünscht sich nur vollkommene Leser und Philologen: *lernt* mich gut lesen?"[141]

So könnte man anstatt eines sittlichen Ideals von einem redlichen philologischen Ideal sprechen, das Nietzsche niemals vollends aufgibt. Auch wenn er sich betreffs der Redlichkeit mit Sorgen trägt: „Unsre Redlichkeit, wir freien Geister, – sorgen wir dafür, daß sie nicht unsre Eitelkeit, unser Putz und Prunk, unsre Grenze, unsre Dummheit werde? Jede Tugend neigt zur Dummheit, jede Dummheit zur Tugend ...".[142]

Sie führt ihn, getrieben von einem leidenschaftlichen Pathos der Wahrhaftigkeit, zur Erkenntnis der Tragödie des Erkennenden: „Über Das, was ‚Wahrhaftigkeit' ist, war vielleicht noch Niemand wahrhaftig genug."[143] In diesem Sinne nähert er sich über Um- und Auswege wieder dem zweifelnden Lichtenberg an, der den Wahrheitsbegriff vehement verteidigt, ohne seine Problematik zu verdrängen.

In ihrem Pathos der Wahrheitssuche, der Kritik an ihrer Ermöglichung und der Skepsis gegenüber den Bedingungen der Erkenntnis mit ihrer Infragestellung des „Dinges an sich" und der einseitigen Logik des Kategorien-Denkens ergeben sich so durchaus Gemeinsamkeiten der beiden Wissenschaftler und Schriftsteller, die man hinsichtlich der Aphoristik als gattungsimmanent bezeichnen kann. Es ist dies der transzendentale Teil einer transzendentalen (deutschen) Moralistik und Aphoristik, wie sie Neumann für die von ihm untersuchten Lichtenberg, Novalis, F. Schlegel und Goethe veranschlagt[144], und wie sie bei Nietzsche erneut erkennbar wird.

---

141 Nietzsche, KSA 3, Vorrede, M, Abschnitt 5, S. 17.
142 Ebd., KSA 5, JEN, Aph.-Nr. 227.
143 Ebd., Aph.-Nr. 177.
144 Vgl. Neumann, *Ideenparadiese*, S. 79 f.

Damit werden zwei Pole der deutschen Aphoristik, der Gattungsgründer Lichtenberg mit seinem skeptischen Wahrheitsbegriff und der Gattungsnachfolger Nietzsche, mit seinem Außerkraftsetzen des Wahrheitsmaßstabes, auf einen gemeinsamen Nenner innerhalb des Wahrheitsproblems gebracht, der ein Gattungsnenner ist. Es ist die Basis des deutschen aphoristischen Denkens, die sich in der Auseinandersetzung mit dem philosophischen „Kopernikus" Kant bildet, von wo aus sich der Aphoristiker vornehmlich, und nicht nur Lichtenberg und Nietzsche, sich seine Spielwiese erobert.

Die beiden folgenden „Wahrheits"-Aphorismen sollten für diese beiden Haltungen exemplarisch sein. Bei Nietzsche „wendet sich der Zweifel auch gegen sich selber"[145], im „Zweifel am Zweifel"[146] formuliert er: „*Feinde der Wahrheit.* – Ueberzeugungen sind größere Feinde der Wahrheit, als Lügen."[147]

Demgegenüber Lichtenberg, der sich der Wahrheit, bei aller Skepsis, noch inne wähnt: „Zweifel muß nichts weiter sein als Wachsamkeit, sonst kann er gefährlich werden"[148], sowie: „Die gefährlichsten Unwahrheiten sind Wahrheiten mäßig entstellt."[149]

---

145  Nietzsche, N, KSA 12, 1 (19), S. 15.
146  Ebd.
147  Nietzsche, KSA 2, MA 1, Aph.-Nr. 483.
148  Lichtenberg, F 447.
149  Lichtenberg, H (2) 24.

## Sprachskepsis – Sprachphilosophie zwischen Sensualismus und Resignation

„Ich denke, oder eigentlich, ich empfinde hierbei sehr viel, das ich nicht auszudrücken im Stande bin, weil es nicht gewöhnlich menschlich ist, und daher unsere Sprache nicht dafür gemacht ist. Gott gebe, daß es mich nicht einmal verrückt macht."[150]
*Georg Christoph Lichtenberg*

In direkter Beziehung zur Wahrheitsproblematik steht als philosophische Fragestellung des aphoristischen Denkens die Sprachproblematik, die Sprachskepsis, vor allem in Bezug auf den erkenntnistheoretischen Sachverhalt, denn „was Nietzsche an dem traditionellen Wahrheitsbegriff zweifeln läßt, ist gerade dies, daß die Wahrheit vollständig der Sprache ausgeliefert ist."[151]

Auch Lichtenberg erkennt früh die Unmöglichkeit, bei aller Sprachverbesserung, zu einer gesicherten, in Sprache gefaßten Erkenntnis zu kommen – das Verrücktwerden über diesem Problem scheint ihm (siehe vorangestelltes Zitat) wahrscheinlicher.

Lichtenbergs Grundeinstellung zur Sprache ist eine sensualistische – mit dem Rückgriff auf sinnliche Erfahrungen und mit einem genauen, sorgfältigen und konkreten Umgang mit der Sprache kann man ihr wenigstens annäherungsweise deutliche Begriffe abgewinnen: „Die simple Schreibweise ist schon deshalb zu empfehlen, weil kein rechtschaffener Mann an seinen Ausdrücken künstelt und klügelt."[152] Lichtenberg prägt den Terminus „*heim*reden".[153] Zu englischen Werbesprüchen heißt es: „Sie beschreiben daher die Symptome genau und was sie sagen *geht oft heim*, die große Kunst aller großen Schriftsteller."[154]

---

150 Lichtenberg, K (2) 45. Der kontextuale Zusammenhang betrifft die Unmöglichkeit für Lichtenberg, sich zur Seelenwanderung sprachlich zu äußern.
151 Häntzschel-Schlotke, S. 13.
152 Lichtenberg, G (2) 126.
153 Vgl. E 275: „Wir müssen mehr Gebrauch machen von dem Wort *heim*, es ist sehr stark: *heim*reden, das ist die Seele, höchste Überzeugung bei Scham sie zu gestehen."
154 Lichtenberg, E 271.

Bei allen Menschen von Geist wird man „eine Neigung finden sich kurz auszudrücken, geschwind zu sagen was gesagt werden soll."[155]

In die Sprache eingebunden ist ein hohes Maß an Weisheit: „Wenn man selbst viel denkt, so findet man selbst viel Weisheit in die Sprache eingetragen. Es ist wohl nicht wahrscheinlich, daß man alles selbst hineinträgt, sondern es liegt würklich viel Weisheit darin, so wie in den Sprüchwörtern."[156]

Als einen der größten Erfolge innerhalb der Französischen Revolution bezeichnet Lichtenberg die Veränderung des Sprachbewußtseins, „das nicht leicht wieder zerstört wird."[157]

Innerhalb der Lichtenbergschen Auseinandersetzung mit Kants Erkenntniskritik schält sich bei dem „Kolumbus der Hypochondrie"[158] allerdings eine skepsisüberladene Sprachphilosophie heraus, die über die Kantischen Grundpositionen hinausgeht.

Während bei Kant die Sprache lediglich einen Werkzeugcharakter hat, tritt bei Lichtenberg die Sprache vor die Erkenntnis und hält die Vernunft in Schach, sie (die Vernunft) kann nicht über die Sprache hinaus und bleibt befangen: „‚Ich' und *mich*. Ich fühle *mich* – sind zwei Gegenstände. Unsere falsche Philosophie ist der ganzen Sprache einverleibt; wir können so zu sagen nicht raisonnieren, ohne falsch zu raisonnieren. Man bedenkt nicht, daß Sprechen, ohne Rücksicht von was, eine Philosophie ist. Jeder, der Deutsch spricht, ist ein Volksphilosoph, und unsere Universitätsphilosophie besteht in Einschränkungen von jener. Unsere ganze Philosophie ist Berichtigung des Sprachgebrauchs, also die Berücksichtigung einer Philosophie, und zwar der allgemeinsten. Allein die gemeine Philosophie hat den Vorteil, daß sie im Besitz der Deklinationen und Konjugationen ist. Es wird also von uns wahre Philosophie mit der Sprache der falschen gelehrt. Wörter erklären hilft nichts; denn mit Wörtererklärungen ändere ich ja die Pronomina und ihre Deklination noch nicht."[159]

Zum Problem der „Eigentlichkeit" von Sprache heißt es bei Lichtenberg: „Es wäre nicht gut, wenn die Selbstmörder oft mit der *eigentlichen* Sprache ihre Gründe erzählen könnten, so aber reduziert sie sich jeder Hö-

---

155 Ebd., E 39.
156 Ebd., J 443, vgl. Sailer und seine frühe Sprichwortsammlung *Die Weisheit auf der Gasse oder Sinn und Geist deutscher Sprichwörter*, zuerst 1810.
157 Ebd., L 25.
158 Vgl. Lamping, *Lichtenbergs literarisches Nachleben*, S. 132.
159 Lichtenberg, H (2) 146.

rer auf seine eigene Sprache und entkräftet sie nicht sowohl dadurch, als macht ganz andere Dinge daraus. Einen Menschen recht zu verstehen müßte man zuweilen der nämliche sein, den man verstehen will. Wer versteht, was Gedanken-System ist, wird mir Beifall geben. Öfters allein zu sein, und über sich selbst zu denken, und seine Welt aus sich zu machen kann uns großes Vergnügen gewähren, aber wir arbeiten auf diese Art unvermerkt an einer Philosophie, nach welcher der Selbst-Mord billig und erlaubt ist, es ist daher gut sich durch ein Mädgen oder einen Freund wieder an die Welt anzuhaken, um nicht ganz abzufallen."[160]

Lichtenberg betont die Vorzüge der mathematischen Sprache: „Es ist ein ganz unvermeidlicher Fehler aller Sprachen daß sie nur genera von Begriffen ausdrücken, und selten das hinlänglich sagen was sie sagen wollen. Denn wenn wir unsere Wörter mit den Sachen vergleichen, so werden wir finden daß die letzteren in einer ganz andern Reihe fortgehen als die erstern. Die Eigenschaften die wir an unserer Seele bemerken hängen so zusammen, daß sich wohl nicht leicht eine Grenze wird angeben lassen, die zwischen zweien wäre, die Wörter, womit wir sie ausdrücken, sind nicht so beschaffen, und zwei auf einander folgende und verwandte Eigenschaften werden durch Zeichen ausgedrückt, die uns keine Verwandtschaft zu erkennen geben. Man sollte die Wörter philosophisch deklinieren können, das ist ihre Verwandtschaft von der Seite durch Veränderungen angeben können. In der Analysi nennt man einer Linie a unbestimmtes Stück x, das andere nicht y wie im gemeinen Leben, sondern a-x. Daher hat die mathematische Sprache so große Vorzüge für der gemeinen."[161]

Lichtenberg befürchtet eine Manipulation der Sprachgemeinschaft und das Aufoktroyieren eines bevorzugten Erklärungsmodells: „Hypothesen sind Gutachten, Nomenklaturen sind Mandate."[162]

Lichtenberg erkennt die Gefahr, daß terminologische und definitorische Begrifflichkeiten die Erklärungskraft der Ausdrücke zerstören und zu vorschnellen, beruhigenden Sackgassen einladen: „Statt jedes einzelnen Wortes könnte man 6 machen, wir drucken zu viel mit einerlei Worten aus."[163]

---

160  Ebd., B 262.
161  Ebd., A 118.
162  Ebd., K 20.
163  Ebd., KA (2) 297.

Und an anderer Stelle: „Wir sehen, ein jeder, nicht bloß einen anderen Regenbogen, sondern ein jeder einen anderen Gegenstand und jeder einen anderen Satz als der andere."[164]

Roggenhofer erkennt mit diesen Lichtenbergschen Voraussetzungen das Programm der Enzyklopädisten als „vergebens, ja selbstzerstörerisch"[165], „wenn jede Präzisierung der Sprache (Nomenklatur) bereits den Keim der Manipulation in sich trägt, d. h. der wachsenden Mündigkeit des Einzelnen nachgerade entgegen zu wirken vermag."[166]

Lichtenberg geht hiermit einen sprachphilosophischen Schritt in Richtung Erkenntnisrelativismus, „der die Erkenntnis auf das jeweils verwendete Paradigma (Sprachspiel) hin insofern relativiert, daß die Gültigkeit dieser Erkenntnis nur innerhalb dieses Paradigmas gesichert ist."[167]

Lichtenbergs Sprachauffassung wird – koinzidierend mit dem Ende der Epoche der Aufklärung – immer müder und resignativer – selbst die naturwissenschaftlichen Erklärungsversuche versagen – „hinlänglicher Stoff zum Stillschweigen"[168] sammelt sich an: „Richter sagte einmal zu mir: Die Ärzte sollten nicht sagen, den habe ich geheilt, sondern der ist mir nicht gestorben, so könnte man in der Physik sagen, ich habe davon Ursachen angegeben, wovon man am Ende die Absurdität nicht zeigen kann, anstatt zu sagen ich habe *erklärt*."[169]

Wenn man, wie Roggenhofer, Lichtenbergs Subjekt-Objekt-Spaltung als ein Ergebnis des sprachgebundenen Denkens ansieht – „das liegt schon allein daran, daß ohne Sprache die Konstitution des Ich (d. h. des Subjekts der Erkenntnis) gar nicht möglich wäre"[170] – so muß man Lichtenbergs Zweifel an der Substantialität des Ichs und dem Ich als Basiskategorie an folgendem bedeutsamen Aphorismus und in diesem sprachphilosophischen Kontext festmachen: „Wir kennen nur allein die Existenz unserer Empfindungen, Vorstellungen und Gedanken. Es denkt, sollte man sagen, so wie man sagt: es blitzt. Zu sagen Cogito ist schon viel, sobald man es durch Ich denke übersetzt. Das Ich anzunehmen, zu postulieren, ist prakti-

---

164 Ebd., F 760.
165 Roggenhofer, *Zum Sprachdenken Georg Christoph Lichtenbergs*, S. 114.
166 Ebd.
167 Ebd., S. 109.
168 Lichtenberg, J 438.
169 Lichtenberg, J (2) 1827.
170 Roggenhofer, S. 111. Die Subjekt-Objekt-Thematik wird von Lichtenberg noch in J (2) 1537, K (2) 64 und L (2) 811 thematisiert.

sches Bedürfnis."[171] In diesen sprachtheoretischen Gedankengängen legt Lichtenberg schon die Lunten, die Nietzsche später nur noch entzünden muß. Sie legen eine Spur gegen die gesamte philosophische Tradition – die reine Vernunft als wahre Schau des Wahren (Aristoteles und Kant) wird genauso entzaubert wie die Selbstgewißheit des Ichs aus radikalem Zweifel an allem, außer am Ich selbst (Descartes) sowie die Apriori-Ideenlehre (Platon).[172]

Statt dessen krönt Lichtenberg den Zufall als einen wesentlichen Vater der Erkenntnis, hält aber – bei allen resignativ-nihilistischen Ansätzen – dennoch an der Pflicht zur Vervollkommnung und Kultivierung des sittlichen Ideals des Menschen fest, und zwar in Erkenntnis seiner Erschwernisse: „Man spricht viel von Aufklärung, und wünscht mehr Licht. Mein Gott was hilft aber alles Licht, wenn die Leute entweder keine Augen haben, oder die, die sie haben, vorsätzlich verschließen."[173]

Nietzsche, der Lichtenberg wahrscheinlich über Schopenhauer kennen gelernt hatte, profitierte von dessen sprachphilosophischen Ansätzen vor allem in der ersten *Unzeitgemäßen* über David Strauss (1873) und in der richtungsweisenden sprachkritischen Schrift *Über Wahrheit und Lüge im aussermoralischen Sinne* (1873). So häufen sich in der Strauss-Schrift die wörtlichen Lichtenberg-Zitate, während in dem nicht veröffentlichten erkenntnistheoretischen Text *Über Wahrheit und Lüge im aussermoralischen Sinne* wenigstens der Lichtenbergsche sprachskeptische Geist virulent ist, wenn er auch modifiziert wird.[174]

Nietzsches skeptische Äußerungen zum erkenntnistheoretischen Wert der Sprache wechseln sich in seinen Schriften mit einer leidenschaftlichen

---

171  Lichtenberg, H (2) 146. Vgl. dazu auch das diesem Kapitel vorangestellte Zitat.
172  Vgl. Roggenhofer, S. 119 f.
173  Lichtenberg, L 472.
174  Vgl. Requadt, *Sprachverleugnung und Mantelsymbolik im Werke Hofmannsthals*, einschließlich eines kurzen Exkurses *Nietzsche und Lichtenberg*, in: Deutsche Vierteljahresschrift für Kultur und Geistesgeschichte, S. 258-283. Requadt weist darin unter anderem folgende Lichtenberg-Zitate in der ersten „Unzeitgemäßen" nach: „Lichtenberg meint sogar: „es giebt Schwärmer ohne Fähigkeit, und dann sind sie wirklich gefährliche Leute." (Nietzsche, KSA 1, S. 177, bei Lichtenberg F 593) und: „Wenn Lichtenberg einmal sagt: „Die simple Schreibart ist schon deshalb zu empfehlen, weil kein rechtschaffener Mann an seinen Ausdrücken künstelt und klügelt." (Nietzsche, KSA 1, S. 220, bei Lichtenberg G(2) 126.)

Parteinahme für die ästhetisch-poetische Kraft der Sprache ab. Die Krügersche Entgegensetzung des Sprachbegriffes bei den Romantikern und bei Nietzsche greift deshalb auch genauso zu kurz[175] wie die spätere schroffe Gegenüberstellung von Fragment und Aphorismus. Nur wenn man den vermeintlichen Sprachoptimismus der Romantiker, der so ungebrochen wahrlich nicht ist, mit deren Bildungsoptimismus gleichsetzt, kann man dieser These ansatzweise etwas abgewinnen.

Vielmehr scheint es so, daß der Sprachvirtuose und Schöpfer Nietzsche als Dichterphilosoph gerade die romantische Wiedervereinigung von Dichten und Denken ein vielleicht letztes Mal einlöst, einer Zerrissenheit darob allerdings durchaus bewußt.

Wenn die Sprache in der Romantik als unmittelbare Gabe Gottes an die Menschen mit einem Offenbarungscharakter verstanden wird (Krüger schreibt dies neben Novalis und Schlegel auch Humboldt, Creuzer, Bernhardi und Baader zu), so wird das Bewußtsein der Wahrheitsproblematik bei den Frühromantikern mit seiner einsetzenden Ironisierung erheblich unterschätzt.

Die Behauptung Krügers, Nietzsches Sprachkritik sei eine fundamental und qualitativ neue Erscheinung[176], eine These, die Petra Kipphoff übrigens auch für Karl Kraus reklamiert[177], verkennt die lange Tradition der Sprachkritik innerhalb des philosophischen (und aphoristischen) Denkens.

Cassirer eröffnet in diesem Sinne eines seiner Hauptwerke: „Die Frage nach dem Ursprung und dem Wesen der Sprache ist im Grunde so alt, wie die Frage nach dem Wesen und Ursprung des Seins."[178]

Nach diesem Exkurs soll zurückgekommen werden zu dem Nachlaßtext *Über Wahrheit und Lüge im aussermoralischen Sinne* und einer kurzen Analyse dieser für Nietzsche schaffensbegleitenden Erkenntnisse.

Nietzsche beginnt seinen Text mit einer Fabel, die retrospektiv, nach dessen Aussterben, die Gattung Mensch aufs Korn nimmt: „In irgend einem abgelegenen Winkel des in zahllosen Sonnensystemen flimmernd ausgegossenen Weltalls gab es einmal ein Gestirn, auf dem kluge Thiere

---

175 Vgl. Krüger, S. 62 f.
176 Ebd.
177 Vgl. Kipphoff, S. 40 f. Im Abschlußsatz ihrer Dissertation (S. 150) wird Kraus als „der deutschen Sprache größter Meister" angepriesen.
178 Cassirer, *Philosophie der symbolischen Formen*, Band 1, Die Sprache, Erster Teil, Zur Phänomenologie der sprachlichen Form, Kapitel 1, Das Sprachproblem in der Geschichte der Philosophie, S. 55.

das Erkennen erfanden. Es war die hochmüthigste und verlogenste Minute der ‚Weltgeschichte': aber doch nur eine Minute. Nach wenigen Athemzügen der Natur erstarrte das Gestirn, und die klugen Thiere mussten sterben."[179]

Ganz im Sinne Schopenhauers ist für den jungen Nietzsche der Intellekt lediglich das Werkzeug des Willens, der zur Erhaltung des Lebens dienen soll: „Nur durch Vergesslichkeit kann der Mensch je dazu kommen zu wähnen: er besitze eine Wahrheit ... Wenn er sich nicht mit der Wahrheit in der Form der Tautologie, d. h. mit leeren Hülsen begnügen will, so wird er ewig Illusionen für Wahrheiten einhandeln."[180] Es handelt sich hierbei um eine Übereinkunft der Menschen über die Bezeichnung der Dinge, in der sich der Stärkere über den Schwächeren hinwegsetzt.

Durch das Vergessen der Nützlichkeit kommt es zu einem Wahn des Wahrheitsbesitzes, der Preis des Verständigen- und Kommunizieren-Könnens ist die Verwechslung von den Namen mit den Phänomen, der Gleichsetzung von Ähnlichem, aber niemals Gleichem („Jeder Begriff entsteht durch Gleichsetzung des Nicht-Gleichen"[181]): „Wir glauben etwas von den Dingen selbst zu wissen, wenn wir von Bäumen, Farben, Schnee und Blumen reden, und besitzen doch nichts als Metaphern der Dinge, die den ursprünglichen Wesenheiten ganz und gar nicht entsprechen."[182]

Der Mensch vergißt so die originalen Anschauungsmetaphern als Metaphern und nimmt sie als die Dinge selbst – durch Weglassen des Nicht-Gleichen wird ein Begriffssystem von Individuum und Gattung, von Über- und Unterordnung zurechtgemacht und sämtliches Rubrizieren, Ordnen, Schematisieren, Regulieren und logisches Urteilen erst eigentlich erfunden. Nietzsche schreibt, „die Wahrheiten sind Illusionen, von denen man vergessen hat, daß sie welche sind, Metaphern, die abgenützt und sinnlich kraftlos geworden sind, Münzen, die ihr Bild verloren haben und nun als Metall, nicht mehr als Münzen in Betracht kommen."[183]

Es zeigt sich in diesen sprachphilosophischen Gedankengängen eine immanente und sensualistische Weltanschauung, in der das „Ding an sich ... dem Sprachbildner ganz unfaßlich und ganz und gar nicht erstrebens-

---

179  Nietzsche, *Über Wahrheit und Lüge im aussermoralischen Sinn* (im folgenden ÜWL), KSA 1, S. 873.
180  Ebd., S. 878.
181  Ebd., S. 880.
182  Ebd., S. 879.
183  Ebd., S. 880-881.

werth"[184] bleibt, da die Abbildung des Nervenreizes von der Bild- zur Lautübertragung auf eine Ursache außerhalb des Menschen eine unredliche Anwendung des Satzes vom Grunde, der Kausalität, darstellt.

Des weiteren analysiert Nietzsche: „nur dadurch, daß der Mensch sich als Subjekt, und zwar als *künstlerisch schaffendes* Subjekt, vergisst, lebt er mit einiger Ruhe, Sicherheit und Consequenz; wenn er einen Augenblick nur aus den Gefängnisswänden dieses Glaubens heraus könnte, so wäre es sofort mit seinem ‚Selbstbewusstsein' vorbei."[185]

Das Bollwerk der Begrifflichkeiten schützt den Wissenschaftler und Bäcker vor dem unwahren Charakter der Sprache und aus der großen Selbsttäuschung des anthropomorphen Geistes wird der Grund allen Irrtums und aller Mißverständnisse: „*Die Worte liegen uns im Wege?* – Überall; wo die Uralten ein Wort hinstellten, da glaubten sie eine Entdeckung gemacht zu haben. Wie anders stand es in Wahrheit? – sie hatten an ein Problem gerührt, und indem sie wähnten, es *gelöst* zu haben, hatten sie ein Hemmnis der Lösung geschaffen. – Jetzt muss man bei jeder Erkenntniss über steinharte, verewigte Worte stolpern, und wird dabei eher ein Bein brechen, als ein Wort."[186]

Den Zweifel an der Sprache und die Skepsis gegenüber der Mitteilbarkeit hat Nietzsche, wie auch Lichtenberg, wiederholt festgehalten: „Man hat es aber nicht in der Hand, sich mitzutheilen, wenn man auch noch so mittheilungslustig ist, sondern man muß Den finden, gegen den es Mittheilung geben *kann*. Das Gefühl, daß es bei mir etwas sehr Fernes und Fremdes gebe, daß meine Worte andere *Farben* haben als dieselben Worte bei andern Menschen, daß es bei mir viel bunten Vordergrund giebt, welcher *täuscht* – genau dies Gefühl, das mir neuerdings von verschiedenen Seiten bezeugt wird, ist immer noch der feinste Grad von ‚Verständniß', den ich bisher gefunden habe."[187]

Die defizitäre Sprache, die „nun gerade Das nicht mehr zu leisten vermag, wessentwegen sie allein da ist: um über die einfachsten Lebensnöthe

---

184 Ebd., S. 879.
185 Ebd., S. 883-884.
186 Nietzsche, KSA 3, M, Aph.-Nr. 47.
187 Nietzsche, Brief an Schwester Elisabeth vom 20. 5. 1885, unmittelbar vor deren Heirat, KGA, Briefwechsel, Abteilung Drei (3), S. 52f.

die Leidenden miteinander zu verständigen"[188], hat somit seine einstige Aufgabe verwirkt.

Diesem Dilemma begegnet Nietzsche mit zwei alternativen Möglichkeiten, die sich ineinander verweben. Einerseits versucht er eine Wiederbelebung der Sprache und Kunst, indem er sich im *Ecce homo* selbst als Sprachschöpfer feiert, der die Wagnerschen Ansätze in die richtige Richtung entwickelt, und andererseits sagt er sich von der Begrenztheit der Sprache ab. Er bewegt sich innerhalb seiner sensualistisch-nihilistischen Sprachauffassung zwischen den Polen Schweigen und Schwelgen und schaltet das Pathos der Distanz, die Parodie und die Maske der Rhetorik als Vermittler und Überwinder dieser fatalen Zugleich-Situation ein.

Zur Option des Schweigens heißt es: „der Mensch, der ‚sich mittheilt', wird sich selber los"[189] und „man liebt seine Erkenntniss nicht genug mehr, sobald man sie mittheilt"[190], sowie fragend: „schreibt man nicht gerade Bücher, um zu verbergen, was man bei sich birgt?"[191]

Die eigenen Versuche des Aufbrechens des Gefängnisses Sprache erscheinen ihm ungenügend: „Ach, was seid ihr doch, ihr meine geschriebenen und gemalten Gedanken? Es ist nicht lange her, da ward ihr noch so bunt, jung und boshaft, voller Stacheln und geheimer Würzen, daß ihr mich niesen und lachen machtet – und jetzt?"[192]

Alles „klägliche" Beweisen-Wollen wird Nietzsche „verdächtig"[193]: „Endlich – und das wohl am meisten macht meine Bücher dunkel – es giebt in mir ein Mißtrauen gegen Dialektik, selbst gegen Gründe."[194]

Der Aphorismus bietet die Möglichkeit eines vornehmen Verschwiegenseins: „Man will nicht nur verstanden werden, wenn man schreibt, sondern ebenso gewiß auch *nicht* verstanden werden. Es ist noch ganz und gar kein Einwand gegen ein Buch, wenn irgend Jemand es unverständlich findet: vielleicht gehörte eben dieses zur Absicht seines Schreibers, – er *wollte* nicht von ‚irgend Jemand' verstanden werden. Jeder vornehmere

---

188 Nietzsche, *Unzeitgemässe Betrachtungen 4 – Richard Wagner in Bayreuth* (im folgenden WB), KSA 1, Abschnitt 5, S. 455.
189 Nietzsche, KSA 3, FW, Aph.-Nr. 351.
190 Nietzsche, KSA 5, JEN, Aph.-Nr. 160.
191 Ebd., Aph.-Nr. 289.
192 Ebd., Aph.-Nr. 296.
193 Ebd., Aph.-Nr. 188. Vollständig: „Heute ist uns umgekehrt jeder Denker verdächtig, der Etwas beweisen will."
194 Nietzsche, aus einem Brief vom 2. 12. 1887 an Brandes, KGA, Abteilung Drei (5), S. 206.

Geist und Geschmack wählt sich, wenn er sich mittheilen will, auch seine Zuhörer; indem er sie wählt zieht er zugleich gegen ‚die Anderen' seine Schranken. Alle feineren Gesetze eines Stils haben da ihren Ursprung: sie halten zugleich ferne, sie schaffen Distanz, sie verbieten ‚den Eingang', das Verständnis ..., während sie Denen die Ohren aufmachen, die uns mit den Ohren verwandt sind."[195]

Dieser immer wieder elitäre Ton von Nietzsches Denkens bewahrt ihn jedoch nicht davor, unter Aufbietung größter Kraftanstrengung, einen Schreibstil zu entwickeln, der sich am Sprechstil ein Beispiel nimmt: „*Schreibstil und Sprechstil.* – Die Kunst, zu schreiben verlangt vor allem *Ersatzmittel* für die Ausdrucksarten, welche nur der Redende hat: also für Gebärden, Accente, Töne, Blicke. Deshalb ist der Schreibstil ein ganz anderer, als der Sprechstil, und etwas viel Schwierigeres: – er will mit Wenigerem sich ebenso verständlich machen wie jener."[196] Ein solcher Stil fordert den Leser geradezu zu lautem Lesen auf, Nietzsche versucht, virtuos die Potentiale der Sprache – bis zu ihren nicht- und übersprachlichen Ausdrucksoptionen – auszuschöpfen.

Es geht ihm um die Musik hinter den Text-Kompositionen, das heißt Ton, Zwischenton, Tempo und Rhythmus, die der Autor inszeniert, und die Gebärde, die gegen Mißverständnisse eher gefeit ist.[197]

Der Weg zum Aphorismus, wo die Nuance, der Sprachton und der Akzent im Mittelpunkt stehen, und die überempfindliche Sprachwaage ohne Erbarmen auf- und gegenwiegt, wird so auch aus dieser Situation heraus gesucht und gefunden.

Der Wirkungswille Nietzsches nimmt hierbei überhand, es wird beabsichtigt zu überreden, zu überzeugen, zu erziehen und zu verführen („Der Redner muß nicht dafür sorgen, daß man ihn verstehen kann, sondern auch daß man ihn verstehen *muß*."[198])

Die glänzenden Waffen, die Nietzsche jetzt bemüht, sind einerseits entrückt vom „style naturel" und der an Lichtenberg geschätzten simplen Schreibart, andererseits verwandeln sie durch Inanspruchnahme verschie-

---

195  Nietzsche, FW, Aph.-Nr. 381.
196  Nietzsche, MA 2, WAN, Aph.-Nr. 110.
197  Vgl. Greiner, S. 235.
198  Nietzsche, KGA, Abteilung Zwei,Vorlesungsaufzeichnungen, (4), *Darstellung der antiken Rhetorik* (Sommer 1874), S. 430.

denster Mittel die scheinbare Einfachheit des Stils in eine „höchst raffinierte Einfachheit"[199], die „den Stil des Sprachkunstwerkes ausmacht."[200]

Es bleibt so auf einer Interpretationsebene nur noch der Glaube in der (offenen) Form, der Glaube an den Inhalt ist enthauptet („Der Glaube in der Form, der Unglaube im Inhalt – das macht den Reiz der Sentenz aus – also eine moralische Paradoxie."[201]), ohne gänzlich erledigt und aus dem Spiel zu sein: „Beredsamkeit ist die Kunst, ein Geschäfte des Verstandes als ein freyes Spiel der Einbildungskraft zu betreiben ..., Der Redner ..., kündigt ein Geschäft an und führt es so aus, als ob es bloß ein Spiel mit Ideen sei, um den Zuhörer zu unterhalten."[202]

Krüger bezeichnet das parodistische Element der Aphoristik als logische Form gegen den Formalismus der Logik: „Demgegenüber wagt das aphoristische Denken gewissermaßen den Sprung über die Grenzen der Sprache: es ist nicht mehr in, sondern nur noch an der Sprache, indem es sie zwar als Form der Mitteilung benutzt, zugleich aber Logik und Dialektik der Grammatik parodiert."[203] Hierdurch zeigt sich „eine Sprachauffassung, die in der Sprache selbst den Irrtum des identifizierenden Denkens fixiert sieht."[204]

Die Form der Parodie der Sprache vollzieht sich auch an der Maskenhaftigkeit der Sprache, die verhüllt, entlarvt, aber auch zu sich zu überreden versucht: „Alles was tief ist, liebt die Maske; die allertiefsten Dinge haben sogar einen Hass auf Bild und Gleichnis ... Jeder tiefe Geist braucht eine Maske: mehr noch, um jeden tiefen Geist wächst fortwährend eine Maske; Dank der beständig falschen, nämlich *flachen*, Auslegung jedes Wortes, jedes Schrittes, jedes Lebens-Zeichens, das er giebt."[205] Die Maske wird so zum Selbstschutz des Erkennenden, „so gilt doch das Bild der Maske als der Verkleidung des Wissenden am meisten für sich selbst".[206]

Die Dialektik der Maske hebt an dieser Mehrdeutigkeit an und befördert das Mittel der Ironie durch das Pathos der Distanz: „Jede Philosophie

---

199 Häntzschel-Schlotke, S. 33.
200 Ebd.
201 Nietzsche, N, KSA 10, 3 (1), S. 68.
202 Nietzsche, KGA, Abteilung Zwei (4), *Darstellung der antiken Rhetorik*, S. 416.
203 Krüger, S. 91.
204 Euler, *Der Aphorismus als philosophische Form bei Nietzsche*, S. 9.
205 Nietzsche, KSA 5, JEN, Aph.-Nr. 40.
206 Häntzschel-Schlotke, S. 29.

*verbirgt* auch eine Philosophie; jede Meinung ist auch ein Versteck, jedes Wort auch eine Maske."[207]

Maskierung und Parodie, das An- und Beinahe-Außerhalb-der-Sprache-Sein erweisen auch scheinbar banale Aphorismen (vgl. Stephensons Banalitätsthese, die in der Einleitung angesprochen wurde) als komplexe Stolpersteine, denn die Vorhaltung der Banalität setzt ein schlichtes In-der-Sprache-Sein voraus, das der Aphoristiker sprachphilosophisch in Frage stellt.

Der simple, schmucklose und klare Stil des Aphoristikers kann deshalb als Formelement, ähnlich wie die lebendige Metapher und das poetische Paradoxon, ein formell-utopisches Gegengewicht im Widerstand zum skeptisch-nihilistischen Unglauben an den Inhalt bilden.

Der Verborgenheitscharakter der Maske geht dabei über den rein parodierenden Part, der sich nur noch an der Sprache begreift, hinaus. Das Verborgene ist keine bloße Attrappe, es birgt einen Kern, eine Rätselauflösung in sich, zu dem Nietzsche überzeugen will, und für den er sich immer wieder auch in die Sprache einläßt, vor allem auch in den Spätschriften, die weniger aphoristischen Charakter haben und deshalb einen Glauben an den Inhalt wieder eher für möglich halten.[208]

Die Nähe zu Lichtenberg ist in Nietzsches Sprachskepsis greifbar – der Unterschied, der eine Übersteigerung Lichtenbergs bedeutet, läßt sich an der Rezeption des „Es denkt"-Aphorismus ablesen: „... daß ein Gedanke kommt, wenn ‚er' will, und nicht wenn ‚ich' will; so daß es eine *Fälschung* des Thatbestandes ist, zu sagen: das Subjekt ‚ich' ist die Bedingung des Prädikats ‚denke'. Es denkt: aber daß dies ‚es' gerade jenes alte berühmte ‚Ich' sei, ist, milde geredet, nur eine Annahme, eine Behauptung, vor allem keine unmittelbare Gewissheit."[209]

Aber Nietzsche wäre nicht Nietzsche, wenn er diesen Gedanken Lichtenbergs nicht abermals (koste es was es wolle), als Katalysator, radikalieren müßte, er fährt fort: „Zuletzt ist schon mit diesem ‚es denkt' zu viel gethan: schon dies ‚es' enthält eine *Auslegung* des Vorgangs und gehört nicht zum Vorgange selbst. Man schließt nach der grammatischen Ge-

---

207  Nietzsche, KSA 5, JEN, Aph.-Nr. 289.
208  Vgl. zur Maskenhaftigkeit bei Lichtenberg die Gabriel-Schülerin Schildknecht, *Philosophische Masken – Literarische Formen der Philosophie bei Platon, Descartes, Wolff und Lichtenberg*, S. 13 f. und S. 123 f.
209  Nietzsche, KSA 5, JEN, Aph.-Nr. 17.

wohnheit ‚Denken ist eine Thätigkeit, zu jeder Thätigkeit gehört Einer, der thätig ist – folglich'."[210]

---

[210] Ebd.

## Systemkritik – Offen-bleiben und -lassen, Selbst-, Ausnahme- und Widerstandsdenken

„Ich mißtraue allen Systematikern und gehe ihnen aus dem Weg. Der Wille zum System ist ein Mangel an Rechtschaffenheit."[211]

*Friedrich Nietzsche*

Nachdem in den ersten beiden Kapiteln ein radikales In-Frage-Stellen des konventionellen und metaphysischen Denkens auf fast allen Ebenen konstatiert wurde, verwundert ein gesunder Affekt des Aphoristikers gegen systematische, einheitliche oder dialektische Betrachtungsweisen, die ein totales Wissen vorgaukeln, kaum.

Mit dieser Opposition gegen traditionelles Subsumieren und Schematisieren stellt man sich in die (Gegen-)Tradition des europäischen aphoristischen Denkens. Bereits Bacon setzte die Form des Aphorismus als Form der wissenschaftlichen Mitteilung dem System erkenntnistheoretisch entgegen, und auch Pascals Gegenüberstellung vom Geist der Intuition, der Ordnung des Herzens und dem Geist der Geometrie weist in diese systemkritische Richtung.

Der Aphoristiker sucht die Widersprüche, die der Systematiker, selbst der fähigste Bauherr, ausgrenzen und unterordnen muß, geradezu absichtlich auf, er nimmt sich die Freiheit „höchst wahrhaftig zu sein, nämlich unbeweisbare Gewißheiten auszusagen, ohne sie für den Augenschein logisch und systematisch aufzuputzen."[212]

Requadt formuliert, von Lichtenberg ausgehend, für das aphoristische Denken: „Die Geistesverfassung ... gründet sich in dem Verzicht auf absolutes Wissen, wie es die Systemphilosphen beanspruchten, er (Lichtenberg, Anm. A.E.) ist unsicher, von philosophischer Neugierde getrieben. Er vermag kein System aufzubauen, das durch seine logische Folgerichtigkeit den Intellekt befriedigen würde, da die ‚vita communis', das Alltagsleben, dem Erfahrungsdenken die Tatsachen nur verstreut darbietet."[213]

---

211 Nietzsche, KSA 6, *Götzendämmerung* (im folgenden GD), *Sprüche und Pfeile* (im folgenden SP), Aph.-Nr. 26.
212 Strauß, *Wintersaat – Ein Buch aus Sätzen*, S. 75-76.
213 Requadt, *Lichtenberg*, S. 118.

Ein bloßer Launen-, Stimmungs- und Perspektivenwechsel entblößt unumstößlich erscheinende Allerwelts- und Schulphilosophie-Wahrheiten als vorläufige Bequemlichkeits-Verabredungen ohne Halbwertzeit.

Lichtenberg entgegnet diesen Gefahren der Ansteckung vor allem mit einem Selbstdenken, das in erster Linie ein Widerstandsdenken ist: „Laß dich nicht anstecken, gib keines andern Meinung, ehe du sie dir anpassend gefunden hast, für deine aus; meine lieber selbst."[214] Lichtenberg plädiert für ein Frei-Machen von überkommenen Vorurteilen und klagt sie unnachgiebig an: „Der oft unüberlegten Hochachtung gegen alte Gesetze, alte Gebräuche und alte Religion hat man alles Übel in der Welt zu verdanken."[215]

Das Gelehrten-Spezialwissen ist Lichtenberg ebenso verdächtig, er zieht es vor, die „Früchte der Philosophie, und nicht die Philosophie"[216] zu ernten, seinem Kind empfiehlt er, das Comptoir dem Katheder vorzuziehen[217], Möser rät in diesem praktischen Sinne, neben einem nicht immer zu verhindernden Studium, wenigstens noch ein Handwerk zu erlernen.[218]

Lichtenberg setzt sein Plädoyer für die Autodidaktik immer wieder neu an, so heißt es: „Man empfiehlt Selbst-Denken oft nur um die Irrtümer anderer beim Studieren von Wahrheit zu unterscheiden. Es ist ein Nutzen, aber ist das alles? wie viel unnötiges Lesen wird uns erspart. Ist denn Lesen studieren? Es hat jemand mit großem Grunde der Wahrheit behauptet, daß die Buchdruckerei Gelehrsamkeit zwar mehr ausgebreitet aber im Gehalt gemindert hätte. Das viele Lesen ist dem Denken schädlich. Die *größten Denker*, die mir vorgekommen sind, waren gerade unter allen den Gelehrten die ich habe kennen gelernt die, *die am wenigsten gelesen* hatten. *Ist denn Vergnügen der Sinne gar nichts*? (Herv.en, A.E.)"[219]

In diesem Sinne leuchten Lichtenbergs Aversionen gegen die Kompendienschreiber, die sich einem absoluten Wissensstand verantwortlich fühlen, ein: „Wenn ich doch eine Verrichtung wählen soll, die tausend Menschen schon vor mir gewählt haben, so soll es gewiß das Kompendienschreiben nicht sein."[220]

---

214   Lichtenberg, D 121.
215   Ebd., D 369.
216   Ebd., G 40.
217   Vgl. Requadt, *Lichtenberg*, S. 91.
218   Vgl. ebd.
219   Lichtenberg, F 439.
220   Ebd., C 346.

Und an anderer Stelle polemisiert er: „Gegen das Kompendienschreiben, und dieses so lächerlich gemacht als möglich."[221]

Die Fesseln des Systems schließen den Zweifel aus und geben fertige Antworten: „Das Schlimmste ist daß dieses System der Franzosen alle Untersuchung hemmt, da man gewissermaßen alles fertig daraus erklärt. Ich bin überzeugt, daß nicht sowohl die Stifter als die Apostel jetzt an nichts weiter denken als an die Ausbreitung, und blind gegen alles sind, am allerwenigsten werden sie selbst auf Zweifel sinnen."[222] Über seinen Weg zur Wissenschaft notiert er sich drastisch: „Ich habe den Weg zur Wissenschaft gemacht wie die Hunde die mit ihren Herren spazieren gehen, hundertmal dasselbe vorwärts und rückwärts, und als ich ankam war ich müde."[223]

Sich auf Bacon berufend, monologisiert Lichtenberg: „Es ist gewiß etwas sehr Charakteristisches in dem Deutschen ein paar Erfahrungen sogleich in ein System zu ordnen, dieses tut der Engländer nicht. Nichts hindert den Fortgang der Wissenschaften mehr, wie schon Bacon und hundert andere gesagt haben."[224] Inwieweit Lichtenberg hiermit den spekulativen Idealismus Hegels, im Anschluß an Fichte und dessen einseitiger Kant-Rezeption, mit dem (Kurz-)Schluß, „das Absolute ist schon vorhanden, wie könnte es sonst gesucht werden"[225] antizipiert, ist ein müßige, aber durchaus interessante Frage. Interessant vor allem deshalb, weil gerade die Hegelsche Philosophie als systematische Philosophie für Nietzsche zu einem zentralen Angriffspunkt werden sollte, so heißt es zum Beispiel: „*Hegel:* etwas vom schwäbischen Gottvertrauen, vom kuhmäßigen Optimismus".[226]

Die Tradition des System-Philosophierens, das Wahrheit wieder und wieder als Gewißheit beansprucht und methodisch systematisiert, und in Hegel sogar die Methode selbst zum System befördert, wird Nietzsche zum Greuel.

Die Annahme der Prämissen, die jedem System-Denken inhärent sein müssen, stoßen dann naturgemäß auf schärfste Kritik bei Nietzsche: „Der

---

221 Ebd., D 11.
222 Ebd., J (2) 1968.
223 Ebd., J 489.
224 Ebd., J (2) 1781.
225 Hegel, zitiert nach Nietzsche, KSA 1, *Philosophie im tragischen Zeitalter der Griechen* (im folgenden PZG), Abschnitt 11, S. 847.
226 Nietzsche, N, KSA 13, 18 (14), S. 536.

Wille zum System: bei einem Philosophen moralisch ausgedrückt eine feinere Verdorbenheit, eine Charakter-Krankheit, unmoralisch ausgedrückt, sein Wille, sich dümmer zu stellen als man ist – Dümmer, das heißt: stärker, einfacher, gebietender, ungebildeter, commandirender, tyrannischer."[227]

Für Nietzsche wird das Systeme-Bauen zum Selbstbetrug, zum selbst verschuldeten „Hirntod": „ein *Systematiker*, ein Philosoph, der seinem Geiste nicht länger mehr zugestehen will, daß er *lebt*, daß er wie ein Baum mächtig in Breite und unersättlich um sich greift, der schlechterdings keine Ruhe kennt, bis er aus ihm etwas Lebloses, etwas Hölzernes, ein viereckige Dürrheit, ein ‚System' herausgeschnitzt hat."[228]

Zur Durchsetzungsfähigkeit dieser jahrhundertelangen Tradition heißt es unter der Überschrift „*Die Tyrannen des Geistes*": „Die kleinen einzelnen Fragen und Versuche galten als verächtlich, man wollte den kürzesten Weg, man glaubte, weil Alles in der Welt *auf den Menschen hin* eingerichtet schien, daß auch die Erkennbarkeit der Dinge auf ein menschliches Zeitmaass eingerichtet sei. Alles mit Einem Schlage, mit Einem Worte zu lösen, – das war der geheime Wunsch: unter dem Bilde des gordischen Knotens oder unter dem des Eies des Columbus dachte man sich die Aufgabe; man zweifelte nicht, daß es möglich sei, auch in der Erkenntnis nach Art des Alexander oder des Columbus zum Ziele zu kommen und alle Fragen mit Einer Antwort zu erledigen. ‚Ein *Räthsel* ist zu lösen' so trat das Lebensziel vor das Auge des Philosophen; zunächst war das Räthsel zu finden und das Problem der Welt in die einfachste Räthselform zusammenzudrängen. Der gränzenlose Ehrgeiz und Jubel der ‚Enträthsler der Welt' zu sein, machte die Träume des Denkers aus: Nichts schien ihm der Mühe werth, wenn es nicht das Mittel war, Alles *für ihn* zu Ende zu bringen? So war Philosophie eine Art höchsten Ringens um die Tyrannenherrschaft des Geistes – ... Was liegt an mir? – steht über der Thür des künftigen Denkers."[229]

Ein weiteres Mal feuert Nietzsche eine ganze Breitseite auf das anthropomorphe Selbst-Bewußtsein seiner Gattung ab, die sich in der Arroganz ihres Indikativs sonnt, und sich weiter denn je von einer etwaigen

---

227 Nietzsche, N, KSA 12, 9 (188), S. 450.
228 Nietzsche, N, KSA 12, 9 (181), S. 445.
229 Nietzsche, KSA 3, M, Aph.-Nr. 547.

Versöhnung der zwei Gehirne, des analytischen und des emotionalen, entfernt hat.

Der künftige Denker, „der Philosoph der Zukunft" ist demgegenüber dem Experiment verpflichtet, dem offenen Versuch, er öffnet sich einem konjuktivischen Möglichkeitsdenken: „Eine neue Gattung von Philosophen kommt herauf: ich wage es sie auf einen nicht ungefährlichen Namen zu taufen .... möchten diese Philosophen der Zukunft ein Recht, vielleicht auch ein Unrecht darauf haben, als *Versucher* bezeichnet zu werden. Dieser Name selbst ist zuletzt nur ein Versuch, und, wenn man will, eine Versuchung."[230]

Der „neue" Philosoph schulmeistert seinen Leser nicht, er führt ihn in Versuchung und offeriert ihm die Offenheit des „gefährlichen Vielleicht in jedem Verstande."[231] Die Herausforderung für diese Art des Philosophierens bilden „dogmatische Menschen"[232], welche in „einem zurechtgezimmerten und festgeglaubtem Hause der Erkenntniß wohnen"[233] und vor lauter Systemsehnsucht den „Horizont darum rund machen."[234]

Nietzsche bezichtigt diese „alten" Vorurteils-Denker der Feigheit: „Sie stellen sich sämmtlich, als ob sie ihre eigentlichen Meinungen durch die Selbstentwicklung einer kalten, reinen, göttlich unbekümmerten Dialektik entdeckt und erreicht hätten (zum Unterschiede von den Mystikern jeden Rangs, die ehrlicher als sie und tölpelhafter sind – diese reden von ‚Inspiration'): während im Grunde ein vorweggenommener Satz, ein Einfall, eine ‚Eingebung', zumeist ein abstrakt gemachter und durchgesiebter Herzenswunsch von ihnen mit hinterher gesuchten Gründen vertheidigt wird: – sie sind allesammt Advokaten, welche es nicht heissen wollen, und zwar zumeist sogar verschmitzte Fürsprecher ihrer Vorurtheile, die sie ‚Wahrheiten' taufen – und *sehr* ferne von der Tapferkeit des Gewissens."[235]

Der Mut zum Wechsel der Meinungen, dem eine individuelle Note anhaftet, wird deshalb von Nietzsche, aber auch von Lichtenberg geschätzt. So schreibt ersterer: „*Sich häuten.* – Die Schlange, welche sich nicht häu-

---

230 Nietzsche, KSA 5, JEN, Aph.-Nr. 42.
231 Ebd., Aph.-Nr. 2.
232 Nietzsche, N, KSA 11, 34 (25), S. 429.
233 Ebd.
234 Nietzsche, KSA 3, M, Aph.-Nr. 318.
235 Nietzsche, KSA 5, JEN, Aph.-Nr. 5.

ten kann, geht zu Grunde. Ebenso die Geister, welche man verhindert, ihre Meinungen zu wechseln; sie hören auf, Geist zu sein."[236]

Bei Lichtenberg heißt es durchaus polemisch: „Nichts kann mehr zu einer Seelen-Ruhe beitragen als wenn man gar keine Meinung hat."[237] Gegen die Beliebigkeit des eigenen Meinungswechsels fixiert Lichtenberg: „Ich habe es sehr deutlich bemerkt: Ich habe oft die Meinung wenn ich liege und eine andere wenn ich stehe. Zumal wenn ich wenig gegessen habe und matt bin."[238] Lichtenberg prägt den positiven Begriff eines Meinungensystems, um einer launigen Meinungswechselei zu entgehen, die eigene Meinung „gibt der Urteilskraft ein leichteres Spiel", „wir sollten uns bemühen Facta kennen zu lernen und keine Meinungen, hingegen diesen Factis eine Stelle in unserm Meinungen-System anweisen."[239]

Auch Nietzsche verteidigt das Meinungshafte nicht per se. Sollen die Aphorismen ein „Text ohne Ende für den Denkenden"[240] sein oder gar „eine ganze Cultur, eine ganze Gesellschaft"[241] kristallisieren, so braucht er einen energiegeladen Kern, „Gedanken von der Art, welche Gedanken macht"[242], die mehr als bloße Meinung sein müssen, ohne die Offenheit der Meinung zu verlieren.

Krüger erkennt: „Aphoristisches Denken bricht den Absolutismus der Erkenntnisprinzipien; nicht etwa diese selber, denn es erkennt ja die allgemeinen Gesetze des Verstandes und der Vernunft an als „negative Bedingung aller Wahrheit", aber es umgreift sie, macht sie sich zum Widerpart, um den dogmatischen Anspruch der Logik, daß die Wahrheit schließlich zu wissen sei, paradox oder unglaubhaft erscheinen zu lassen."[243]

Krüger benennt hieraus folgernd als Kategorie gegen das absolute, „systematische" und abgeschlossene Wissen, das doch nur ein Glauben ist, die Form des Nichtwissens als Voraussetzung des aphoristischen Denkens.[244] Anders als das sokratische Nichtwissen, das eigentlich noch wis-

---

236 Nietzsche, KSA 3, M, Aph.-Nr. 573.
237 Lichtenberg, E 63.
238 Lichtenberg, F 557.
239 Lichtenberg, D 19.
240 Nietzsche, KSA 2, MA 2, VMS, Aph.-Nr. 212.
241 Nietzsche, KSA 5, JEN, Aph.-Nr. 235.
242 Nietzsche, KSA 2, MA 2, WAN, Aph.-Nr. 214.
243 Krüger, S. 111.
244 Ähnlich Jaspers, *Die Frage nach der Wahrheit bei Nietzsche*, S. 67 f.

sen will, ist in der Aphoristik, die Krüger auf Nietzsche bezieht, das Nichtwissen hinter dem Wissen angesiedelt, es löst das Bekannte in Unbekanntes auf.

Der Aphoristiker besetzt so die Position zwischen nicht-propositionalem Wissen und Nichtwissen, denn so schließt Schildknecht: „Verschriftlichung bedeutet zugleich immer auch Entfremdung, Erleben, gefiltert durch die Sprache, also gewissermaßen aus ‚zweiter Hand'. Die Veröffentlichung der (verschriftlichten) Privatwelt markiert darüber hinaus einen weiteren Bruch in der Existenzmitteilung des philosophischen Subjekts. Diesem Auseinandertreten von konkret existierendem und stilisierendem, schreibendem Ich kann letztlich nur das Schweigen entgegenwirken."[245]

Lichtenberg schreibt, die Substantialität des Ichs als kleine systematische Einheit abermals bezweifelnd: „Ehemals zeichnete mein Kopf (mein Gehirn) alles auf, was ich hörte und sah, jetzt schreibt er nicht mehr auf, sondern überläßt es *Mir*. Wer ist dieses *Ich*? bin ich und der Schreiber nicht einerlei?"[246]

Bei Nietzsche heißt es, bereits umgewertet: „Und erst auf diesem nunmehr festen und granitnen Grunde von Unwissenheit durfte sich bisher die Wissenschaft erheben, der Wille zum Wissen auf dem Grunde eines viel gewaltigeren Willens, des Willens zum Nicht-wissen, zum Ungewissen, zum Unwahren? Nicht als sein Gegensatz, sondern – als seine Verfeinerung?"[247] Nietzsche „will, ein für allemal, Vieles *nicht* wissen. – Die Weisheit zieht auch der Erkenntniss Grenzen."[248]

Das affektierte Falschwissen, einschließlich der bewußten Lüge, wird zur positiven Form des Nichtwissens, eines Nichtwissens, das das aphoristische Denken offenläßt und somit das Leben eintreten läßt: „Der Aphorismus will das Ganze der Wahrheit gar nicht wissen, will es nicht abwürgen, totschnüren, sondern er bescheidet sich, nur ein Träger, nur ein Vehikel des Wahren zu sein; er ist grundsätzlich gegen das verdinglichende und verdinglichte Denken; er glaubt die Wahrheit im Denken und nicht die Wahrheit, die durch das Denken im Wissen entfaltet wird."[249]

---

245 Schildknecht, S. 162.
246 Lichtenberg, K (2) 38.
247 Nietzsche, KSA 5, JEN, Aph.-Nr. 24.
248 Nietzsche, KSA 6, GD, SP, Aph.-Nr. 5.
249 Krüger, S. 123.

Blanchot problematisiert in diesem Zusammenhang den Bruchstück-Charakter der fragmentarischen Schrift: „So darf es nicht scheinen, als seien Bruchstücke, Fragmente die Momente eines noch unvollendeten Diskurses, sondern als diejenige Sprache, Schrift des Einbruchs müssen sie erscheinen, durch die der Zufall auf der Ebene der Affirmation aleatorisch bleibt und das Rätsel sich von der Innerlichkeit seines Geheimnischarakters befreit, um, indem es sich schreibt, sich als dasjenige Rätsel auszuweisen, das die Schrift enthält, weil sie es ist, die es immer wieder in die Neutralität ihres eigenen Rätsels zurücknimmt."[250]

Durch diese Erkenntnisse kommt es zu einer folgenschweren Trennung zwischen Denken und Wissen, einem Auflösen in Bruchstücke, in denen die Ausnahme als archimedischer Punkt der Aphoristik die Regel bestimmt, daß also „der landläufige, unter dem Aspekt des Systemdenkens geprägte Satz, daß die Ausnahme die Regel bestimmt ..., für den Aphorismus in seiner Umkehrung".[251] erscheint; „es ordnet dich tief unter Jenen, daß du die Ausnahme festzustellen suchst, Jener aber die Regel"[252], die Ausnahme ist „eine unbegriffene Wahrheit."[253]

Krügers Festhalten an der (negativen) dialektischen Methode als Erklärungsmuster wird zwar in ihrem unendlichen Ansatz der Aphoristik gerecht, der richtungshabende, zielorientierte Teil des synthetischen Denkaktes als immer wieder anvisiertes Zwischenziel ist jedoch für Nietzsches und Lichtenbergs Aphoristik als kontraproduktiv einzuschätzen, da diese methodische Befangenheit wiederum ein aufklärbares Wissen geriert: „Man wählt die Dialektik nur, wenn man kein andres Mittel hat. Man weiß, daß man Mißtrauen mit ihr erregt, daß sie wenig überredet. Nichts ist leichter wegzuwischen als ein Dialektiker-Effekt."[254]

Wenn August Wilhelm Schlegel in seiner wirkungmachenden Chamfort-Rezeption schreibt, daß sich „ein System der Moral und Lebensphilosophie ... schwerlich aus diesen aphoristischen Bruchstücken zusammenbauen lassen"[255] kann, dann kündet er eine keinesfalls falsche Er-

---

250 Blanchot, *Nietzsche und die fragmentarische Schrift*, in: Nietzsche aus Frankreich, S. 70.
251 Krüger, S. 127.
252 Nietzsche, KSA 2, MA 2, VMS, Aph.-Nr. 362.
253 Krüger, S. 128.
254 Nietzsche, KSA 6, GD, *Das Problem des Sokrates* (im folgenden PS), Aph.-Nr. 6.
255 A. W. Schlegel, *Chamfort*, in: Kritische Schriften, Band 1, S. 362.

kenntnis. Wenn er sie auch unter falschen Vorzeichen aufzeigt, Systemunfähigkeit wird pejorativ bewertet – so könnte man nach Nietzsches Umwertung Schlegels Einstufung der Unfertigkeit des Aphorismus nach dem fertigen des Systemdenkens, in Analogie zum Nichtwissen nach dem Wissen setzen.

Ein großer Teil der Aphorismus-Forschung nach A. W. Schlegel, von Besser über Mautner, Grenzmann oder Wehe bis Neumann glaubt den Aphorismus entweder retten zu müssen, indem er systemkompatibel ausgerüstet wird, oder aber man bleibt bei seiner einseitig negativen Bewertung aufgrund seiner Systemuntauglichkeit (siehe Einleitung).[256] Einen Fehler, den auch Margolius („Das Wesen des Aphorismus aber hat mit den Gegensatz zum System eigentlich nichts zu tun."[257]) begeht.

Margolius führt Schopenhauers „Welt als Wille und Vorstellung" (1818) als typisches Beispiel für die System-Vereinbarkeit des Aphorismus an[258], obwohl dieses Werk des Autors, anders als die „Parerga und Paralipomena", bei allen aus einer aphoristischen Denkhaltung entspringenden Widersprüchen, dem gegen-aphoristischen System-Philosophieren zuzuschlagen ist.

Margolius und ein Großteil der Aphoristik-Forschung übersehen, daß der Aphorismus über das System, anders als über die Wahrheiten und seine Ankopplungen an die Sprache, die er hinterfragt, aber nicht aufgibt, hinaus ist. Der Aphorismus spielt „nur" noch mit den Systemen, und er braucht sie allenfalls als fixe und fruchtbare Feindbilder in einem Meer des Perspektivismus, der Unentschiedenheit und Mehrdeutigkeit – aus einem Willen zur Rechtschaffenheit (siehe vorangestelltes Zitat).

---

256 Neumann (*Ideenparadiese*, S. 42) formuliert: „der Aphorismus nicht im Kampf gegen das ‚System' um seiner Individualität willen, sondern auf der Suche nach anderen, das starre Denksystem korrigierenden Ordnungsformen des Verstehens" und verharmlost meines Erachtens die Absichten des Störenfriedes Aphorismus und seiner Infragestellung aller Ordnungs-Mechanismen.
257 Margolius, *System und Aphorismus*, in: Der Aphorismus, S. 283.
258 Vgl. ebd., S. 283 f.

## Lebensphilosophie – Spiel, Experiment, Phantasie, Neugierde, Stimmung, Traum, Mystik, Mythos

„In den ganz alten Werken der Bibel, in griechischen und lateinischen Schriftstellern findet man eine Menge von Tugendlehren, so viele seelenstärkende Sentenzen, die von den erleuchtetsten Köpfen aus der Erfahrung gesammelt, und mit dem Zug einer ganzen Lebensbahn verglichen, endlich in diesen Schatz niedergelegt worden sind. Im Salomo stehen eine Menge vortrefflicher Lehren, die wohl nicht von ihm sind – Eingebungen; vielleicht Hefte, die ihm seine Lehrmeister diktiert haben. Eben dieser Verstand der Alten, die Gabe, die sie haben, einem Beobachter seiner selbst ins Herz zu reden, ist es, was mir die Lesung der Bibel so angenehm macht. Es sind die Grundzüge zu einer Weltkenntnis und *Philosophie des Lebens* (Herv., A.E.), und die feinste Bemerkung der Neueren ist gemeiniglich nichts als eine mehr individualisierte Bemerkung jener Alten."[259]

*Georg Christoph Lichtenberg*

Wie es in Lichtenbergs Text zu Recht heißt, handelt es sich bei dem aphoristischen Denken und der Sentenzenschöpfung um die unmittelbare Lebenserfahrung[260] als Ausgangspunkt des Philosophierens, die in Folge einer radikalen Systemkritik als Gegenmittel gegen alle dogmatischen Erstarrungen und Verfestigungen eingesetzt wird.

Zurückgehend bis in das Alte und Neue Testament (Sprüche des Predigers Salomo und Jesu Sirach) werden die nämlichen Themen, die ihre Aktualität bis zu Lichtenberg, Schopenhauer, Schlegel, Novalis und Nietzsche (Aus der Bibel „kann ein Kluger alle Mittel lernen, wodurch ein Buch zum Weltbuch, zum Jedermanns-Freund gemacht werden kann."[261]) und in das einundzwanzigste Jahrhundert hinein behalten werden, behandelt.

Das biblisch-aphoristische Denken bekümmert sich bereits um Belange der Moral, der Religion, der Tugend, der Erziehung, des sozialen Verhaltens und der menschlichen Leidenschaften.

---

259 Lichtenberg, G (2) 108.
260 Vgl. Krüger, S. 32.
261 Nietzsche, KSA 2, MA 2, VMS, Aph.-Nr. 98.

Sie werden in den Bibelversen anschaulich-bildhaft präsentiert, dabei bleiben sie „im Griff, ohne im Begriff es gerinnen zu lassen."[262] So bildet die biblische Gnomik, nach den Gattungsgründern Heraklit und Hippokrates, und neben Tacitus und Marc Aurel, einen weiteren Stützpfeiler der frühen aphoristischen Tradition.

Erasmus von Rotterdam belebt diese Tradition in der Neuzeit mit der Edition der „Adagia" und „Apophthegmata", einer Sammlung griechischer und lateinischer Sentenzen, um die theologische Sprache zu erneuern und den Abschied von der Scholastik anzukündigen.

Danach sind es vor allem Montaigne, mit seiner essayistischen „Lebensphilosophie", die sich aus „Lebenskunde" und „Lebenslehre" rekrutiert, und in dem honnête homme konzipiert wird, und Bacon, der mit seinen erkenntnistheoretischen Schriften den Aphorismus als wissenschaftliche Form konstruiert, die durch ein Anhalten zum Selbstdenken den Idola-Gefahren gegenüber relativ resistent ist, und neue Akzente in Richtung einer Individualethik setzt.

So schreibt Bacon: „die methodische Vermittlung hingegen, die mit einer vollständigen Wissenschaft prahlt, macht die Menschen sogleich sicher, als hätten sie das Höchste schon erreicht."[263]

Die „Idola specus" (Befangenheit in Bücherweisheiten) und die „Idola theatri" (Dogmen der Philosophie, die übernommen werden) und auch die „Idola fori" (Zeitgeist-Vorstellungen), die zur „Idola tribus" (herkömmliches Herden-Denken) werden können, lauern penetrant als Fallen.

Neben und nach der spanischen Traditionslinie, die in unserer Untersuchung nur angedeutet werden soll, bis zu Gracian und seinem jesuitischen Probabilismus[264], wird die europäisch-aphoristische Bühne danach hauptsächlich mit den französischen Moralisten besetzt. Als Mitgründer dieses „Lebensphilosophierens" gilt, neben dem genannten Essayisten Montaigne, vor allem Blaise Pascal, der einen religiös-frommen Akzent, einen „esprit de finesse", wider die systematische cartesianische Schule etablierte, mit dem Ziel „die Philosophie zu verspotten, um wahrhaft zu

---

262 Krüger, S. 32.
263 Bacon, *The advancement of learning*, Selected writings, Book 2, S. 305.
264 Krüger, S. 43. Vgl. zur spanischen Wort- und Gattungsgeschichte Stackelberg, S. 210 f., Blüher, *Graciáns Aphorismen im „Oráculo manual" und die Tradition der politischen Aphorismensammlungen in Spanien*, in: Der Aphorismus, S. 413 f. und Ungerer, *Die politischen Aphorismen von Antonio Pérez*, in: Der Aphorismus, S. 427 f.

philosophieren."²⁶⁵ Die darauffolgenden La Rochefoucauld, Vauvenargues, Montesquieu, Chamfort und Rivarol entwickeln nach Pascal und Montaigne den vorbildhaften Hauptstrang der Gattung Aphorismus, der hier nicht ausführlich behandelt werden kann.

Es setzt eine Differenzierung innerhalb des aphoristischen Denkens ein, die für den deutschen (Spät-)Start der Gattung voraussetzend war, die christlichen Regulative werden von weltlichen abgelöst, die Bemerkungen, die nicht mehr begründet werden müssen, werden zunehmend ironisiert (vor allem Vauvenargues). Den scheinhaften Allgemeinheitsansprüche der Urteile, die immer Anteilnahme provozieren wollen, wird immer individualisierender entgegengewirkt (vor allem Chamfort).²⁶⁶

Krüger konstatiert, „das Bewußtsein der Nichtidentität ihres Denkens hat die Moralisten erst recht in Gegensatz zu den menschlichen Mächten gebracht".²⁶⁷ Ihre Abkehr von einer hohlen Systematik evozierte einen der Lebenswirklichkeit zugewendeten Gipfel einer Philosophie des Lebens, die in Joubert, Jouffroy, Bergson oder Valéry im engeren und weiteren Sinn lebendig geblieben ist.

Daß nun ausgerechnet Lichtenberg als ein Lebensphilosoph, als ein Vorläufer der späteren Lebensphilosophie, die von Dilthey, Bergson und Nietzsche entwickelt werden sollte, bezeichnet werden soll, mag den herkömmlichen Einstufungen Lichtenbergs durch die Literaturhistoriker, wenn sie ihn überhaupt erwähnen, zuwiderlaufen, bezeichnen sie ihn doch oft schlicht als Aufklärer („Aufklärung in allen Ständen besteht eigentlich in *richtigen Begriffen von unsern wesentlichen Bedürfnissen*"²⁶⁸) und selbstverständlich im Gegensatz zu den gemeinhin als irrational bewerteten Epochen des Sturm und Drang oder der Romantik.

Nach den bisher festgestellten systemkritischen und sensualistischen sprich aufklärerischen Ansätzen erscheinen die Neigungen Lichtenbergs zu seiner mystisch-irrationalen Seite, ohne seine Wurzeln innerhalb einer selbstkritischen Aufklärung zu verleugnen, jedoch durchaus antizipierbar.

Bertram gebührt das Verdienst, Lichtenbergs Vorliebe für das Abergläubige, Vorzeichen- und Ahnungshafte stärker unter die Lupe genommen zu haben. Er führt Lichtenbergs Überzeugung der Seelenwanderung

---

265 Pascal, zitiert nach Krüger, S. 50.
266 Vgl. Schalk (Hrsg.), *Die französischen Moralisten*. Zum Konflikt zwischen Allgemeinen und Besonderen siehe auch das Kapitel Konfliktdenken.
267 Krüger, S. 55.
268 Lichtenberg, J 246.

(siehe Zitat vor dem Sprachskepsis-Kapitel), seine Verherrlichung der Leidenschaften („In der Vernunft ist der Mensch, in den Leidenschaften ist Gott"[269]), seine Todeszugewandtheit („Wen Gott liebt, den züchtigt er. Wie wenn es nun hieße: wen Gott lieb hat, den vernichtet er?"[270]) oder seine Ekstase des Gebetes an. Zu letzterem heißt es (fälschlicherweise) bei Bertram: „Mein Glaube an die Kräftigkeit des Gebets; mein Aberglaube in vielen Stücken, Knien, Anrühren der Bibel und Küssen derselben, förmliche Anbetung meiner heiligen Mutter, Anbetung der Geister, die um mich schwebten."[271]

Und vielleicht meint Lichtenberg mit dem verfremdeten Er auch in der folgenden Sentenz sich selbst, wie das Bertram bei dem letzten Zitat fälschlicherweise mit dem Vertauschen von Er und Ich unter falscher (?) Textvorlage vereinfachend handhabt: „Der Mensch, der sich vieles Glücks und seiner Schwäche bewußt ist, wird abergläubisch, flüchtet zum Gebet, und dergleichen mehr."[272]

Zum Aberglauben schreibt Lichtenberg dann aus der Ich-Perspektive zu einer Rousseauschen Marotte: „Ist das nicht ein herrlicher Zug in Rousseaus Bekenntnissen, wo er sagt, er habe mit Steinen nach Bäumen geworfen, um zu sehen, ob er selig oder verdammt würde? Großer Gott, wie oft habe ich Ähnliches getan, ich habe immer gegen den Aberglauben gepredigt und bin für mich immer der ärgste Zeichendeuter. Als N... auf Tod lag, ließ ich es auf den Krähenflug ankommen, wegen des Ausgangs mich zu trösten. Ich hatte, wenn ich am Fenster stand, einen hohen Turm mir gegenüber, auf dem viele Krähen waren. Ob rechts oder links vom Turm die erste Krähe erschien. Sie erschien von der linken, allein da tröstete ich mich wieder damit, daß ich nichts festgesetzt hatte, welches eigentlich die linke Seite des Turms genannt zu werden verdiente. Es ist vortrefflich, daß Rousseau sich mit Fleiß einen dicken Baum aussuchte, den er also nicht leicht fehlen konnte."[273]

---

269 Lichtenberg, K (2) 79. Vgl. Bertram, S. 223.
270 Lichtenberg, J 725.Vgl. Bertram, S. 227.
271 Bertram (S. 224) zitiert Lichtenberg hier falsch, vgl. F 1217. In der zuverlässigen Promies-Ausgabe wird aus dem Ich ein Er, nach dem Vorsatz: „Es war ihm zu wohl bekannt, was fromme Schwärmer in einer solchen Sache tun können."
272 Lichtenberg, H (2) 43.
273 Ebd., G (2) 38.

Requadt bezeichnet diese Lichtenbergsche Schwäche für den Aberglauben und das Zeichenhafte als „Stimmungsreligiosität"[274] und verweist, wenn auch übertrieben oft, auf den pietistischen Einfluß bei Lichtenberg. Dabei erscheint der Vorwurf des Familien-Pietismus[275] mehr als unglücklich.

Sein Drang zum Übernatürlichen führt Lichtenberg auch zur Faszination des unbewußten Traums und dessen nicht zu unterschätzenden Erkenntniswerts: „Es ließe sich ein philosophisches Traumbuch schreiben, man hat, wie es gemeiniglich geht, seine Altklugheit und Eifer die *Traumdeutungen* empfinden zu lassen, die eigentlich bloß gegen die *Traumbücher* hätte gewendet werden sollen. Ich weiß aus unleugbarer Erfahrung daß Träume zu Selbsterkenntnis führen. Alle Empfindung, die von der Vernunft nicht gedeutet wird, ist stärker. Beweis das Brausen in den Ohren während des Schlafs, das bei Erwachen nur sehr schwach befunden wurde. Daß es mir alle Nacht von meiner Mutter träumt und daß ich meine Mutter in allem finde ist ein Zeichen wie stark jene Brüche im Gehirn sein müssen, da sie sich gleich wieder herstellen, so bald das regierende Principium den Scepter niederlegt. Merkwürdig ist, daß einem zuweilen von Straßen der Vaterstadt träumt, man sieht besondere Häuser, die einen frappieren, bald darauf aber besinnt man sich und findet (wiewohl es falsch ist), es sei ehmals so gewesen."[276]

Lichtenberg erklärt sich dankbar gegenüber seinen Phantasienkuren: „Ich habe oft stundenlang allerlei Phantasien nachgehängt, in Zeiten, wo man mich für sehr beschäftigt hielt. Ich fühlte das Nachteilige davon in Rücksicht auf Zeitverlust, aber ohne diese *Phantasienkur*, die ich gewöhnlich stark um die gewöhnliche Brunnen-Zeit gebrauchte, wäre ich nicht so alt geworden, als ich heute bin, 53 Jahr 1 1/2 Monat."[277]

Lichtenbergs Hochschätzung der Phantasie und sein Einlassen mit ihr zeigt seine von unstillbarer Neugierde getriebene (hierin ist er Forster verwandt) Denklust, die lernbereit bleibt, ohne belehren zu wollen (wie das Condorcets gestillter Neugier entspringt), und seine Persönlichkeit ausmacht: „Es (das Lesen einer anderen Meinung, A.E.) muß ihm sogar angenehm sein so lang er noch einige Funken von Neugierde hat, die von

---

274 Requadt, *Lichtenberg,* S. 19 f.
275 Vgl. ebd.
276 Lichtenberg, F 684.
277 Lichtenberg, L 228.

rechtswegen ein Philosoph wie Vestalisches Feuer hüten soll, daß sie nicht ausgehen."[278]

Der Experimentalphysiker und sein versuchendes Denken mit Experimentcharakter steht in einer Frontstellung zum rationalistischen Verdikt der Zeit und will eine Versöhnung von Theorie und Praxis ermöglichen, Lichtenberg prägt den Begriff Paradigmata: „Ich glaube unter allen heuristischen Hebezeugen ist keins fruchtbarer, als das, was ich *Paradigmata* genannt habe ... Denn man muß notwendig heut zu Tag anfangen, auch bei den ausgemachtesten Dingen, oder denen wenigstens, die es zu sein scheinen, ganz neue Wege zu versuchen."[279] Nicht umsonst steht mehr als jeder fünfte Aphorismus in seinen Sudelbüchern in einem spielerischen Konjunktiv der Alternative, die der Unentschiedenheit der Wahrheit und seiner Skepsis Rechnung tragen.[280] In diesen Passagen erfüllt Lichtenberg vorab die Forderungen Nietzsches nach den Philosophen der Zukunft, die genau dieser experimentelle Charakter ausmacht.

Von den Philosophen der Zukunft („Wir Neuen, Namenlosen, Schlechtverständlichen, wir Frühgeburten einer noch unbewiesenen Zukunft"[281]) fordert Nietzsche, also auch für sich: „Diese Gattung des Muthes, welche nicht ferne einer ausschweifenden Grossmuth ist, *fehlte* bisher der Menschheit. – Oh, wollten doch die Dichter, was sie einstmals gewesen sein sollen: – *Seher,* die uns etwas von dem *Möglichen* erzählen?"[282]

Es sind Philosophen mit einer „zukunftsschwangeren Kraft"[283], es sind „Versucher"[284], die mit der Zukünftigkeit, auf der Basis der Erfahrung als

---

278  Lichtenberg, B 297.
279  Lichtenberg, K (2) 312.
280  Vgl. Knauff, S. 47. Er grenzt in seinem Kapitel „Aussageweise" zurecht den Lichtenbergschen experimentellen Konjunktiv gegen den Konjunktiv der Ausweglosigkeit bei Karl Philipp Moritz ab und mutmaßt: „Lichtenbergs Möglichkeitsdenken, das die Relativität dieser Welt und ihre Unzulänglichkeiten zum Ausgang nimmt, gerät in die Nähe der Utopie. Hätte Lichtenberg einen Roman hinterlassen, es wäre gewiß ein utopischer gewesen. Seine Romanpläne zum ‚Doppelten Prinzen' weisen in diese Richtung."
281  Nietzsche, KSA 3, FW, Aph.-Nr. 382.
282  Nietzsche, KSA 3, M, Aph.-Nr. 551.
283  Nietzsche, KSA 3, FW, Aph.-Nr. 370.
284  Vgl. dazu den bereits oben behandelten Aphorismus Nr. 42 aus JEN (KSA 5).

Vergangenheit, die Gegenwart als „Zeitalter der Experimente"[285] überzeitlich öffnen. Eine extrem hohe Anforderung, die Nietzsche durch die Fragen: „Giebt es heute solche Philosophen? Gab es schon solche Philosophen? *Muss* es nicht solche Philosophen geben?"[286] in ihrer Schwierigkeit und anscheinend zu erzwingenden Erreichbarkeit begreift.

Der Aufgabe des Spielens wird eine Ernsthaftigkeit verliehen, die in einer Frage Nietzsches sogar die Vokabel „metaphysisch" kurzzeitig rehabilitiert: „Warum sollte man nicht *metaphysisch spielen* dürfen? und ganz enorme Kraft des Schaffens darauf verwenden?"[287]

In der Selbstdeutung des *Ecce Homo* heißt es zuerst: „Ich kenne keine andere Art, mit großen Aufgaben zu verkehren als das *Spiel*: dies ist, als Anzeichen der Größe, eine wesentliche Voraussetzung."[288] Und kurz darauf: „Ein andres Ideal läuft vor uns her, ein wunderliches, versucherisches, gefahrenreiches Ideal ... das Ideal eines Geistes, der naiv, das heisst ungewollt und aus überströmender Fülle und Mächtigkeit mit Allem spielt, was bisher heilig, gut, unberührbar, göttlich hiess."[289]

Georg Simmel beschreibt in seiner Studie *Das Abenteuer* „das angedeutete Zusammenfallen" von „freiem Geist" und „Abenteurer" mit seinem typischen Fatalismus, seinem amor fati: „Gerade auf die schwebende Chance, auf das Schicksal und das Ungefähr hin setzen wir alles ein, brechen die Brücken hinter uns ab, treten in den Nebel, als müßte der Weg uns unter allen Umständen tragen."[290]

In einer rätselhaften späten Notiz verquickt Lichtenberg das Abenteuer Traum mit dem Spielgedanken: „In der Nacht vom 9. auf den 10. Februar 99 träumte mir, ich speiste auf einer Reise in einem Wirtshause, eigentlich auf einer Straße einer Bude, worin zugleich gewürfelt wurde. Gegen mir über saß ein junger gut angekleideter, etwas windig aussehender Mann, der ohne auf die umher Sitzenden und Stehenden zu achten seine Suppe aß, aber immer den zweiten oder dritten Löffel voll in die Höhe warf, wieder mit dem Löffel fing und dann ruhig verschluckte. Was mir diesen Traum besonders merkwürdig macht, ist, daß ich dabei meine *gewöhnli-*

---

285 Nietzsche, N, KSA 9, 11 (177), S. 508. Vgl. dazu auch Novalis, Schriften, Band 3 (S. 139), wo er „Philologisieren" gleichsetzt mit „Experimentieren".
286 Nietzsche, KSA 5, JEN, Aph.-Nr. 211.
287 Nietzsche, N, KSA 8, 29 (45), S. 519.
288 Nietzsche, KSA 6, EH, *Warum ich so klug bin*, Aph.-Nr. 9.
289 Nietzsche, KSA 6, EH, *Also sprach Zarathustra*, Aph.-Nr. 2.
290 Vgl. Greiner, S. 251.

*che* Bemerkung machte, daß solche Dinge nicht könnten erfunden werden, man müsse sie sehen. (Nämlich kein Romanenschreiber würde darauf verfallen) und dennoch hatte ich dieses doch in dem Augenblick erfunden. Bei dem Würfel-Spiel saß eine lange, hagere Frau und strickte. Ich fragte, was man da gewinnen könnte: sie sagte *Nichts*, und als ich fragte, ob man was verlieren könne, sagte sie: *Nein*? Dieses hielt ich für ein wichtiges Spiel."[291]

Zum ständigen Aufstellen von Hypothesen und ihrer Infragestellung und Neuformulierung unterstreicht auch Lichtenberg den Spielcharakter, „die feinsten Spieler machen die meisten (Hypothesen), und wenn die falsche widerlegt wird, so steht gleich wieder eine andere da, die selten schlechter ist."[292]

Bereits 1786 schreibt er in einem Brief an Ramberg von einer Unterhaltung mit Lavater: „Ich sagte also, daß ich glaubte, tieferes Studium der Natur, noch Jahrtausende fortgesetzt, werde endlich auf Spinozismus führen ... Die *träge* Basis sei bloß Hirngespinst. Daher rühre das infame *zwei in der Welt, Leib und Seele, Gott und Welt*. Das sei aber nicht nötig. Wer hat denn Gott erschaffen? Der feine Organismus im tierischen und Pflanzen-Körper rechtfertige nur hier Bewegung dependent von der Materie anzunehmen. Mit einem Wort, alles was sei, das sei *Eins*, und weiter nichts."[293]

Genauso wie es in Lichtenbergs Spätphase von 1795 bis 1799 keine spinozistischen Ansätze mehr gibt, nimmt auch seine anfängliche Hochschätzung des deutschen Mystikers Jacob Böhme am Ende seines Lebens ab. So heißt es zu Jakob Böhme, der bereits in seinen frühesten Niederschriften präsent ist, anfangs: „In einer Verteidigung von Jacob Böhm ließe sich viel Lehrreiches sagen. Ich weiß nicht ob vorher schon jemand so etwas getan hat ... Man lese die Schriften dieses Mannes und leugne hernach noch den inneren Sinn."[294]

Der „Original-Kopf"[295] Böhme, „der Teufel hol's"[296], „schrieb Dinge, die keine lebendige Seele fast jetzt versteht"[297], „aber ohne Jacob Böhme

---

291 Lichtenberg, L 707.
292 Lichtenberg, J (2) 1521.
293 Lichtenberg, aus einem Brief an Ramberg vom Juli 1786, in: Schriften und Briefe, Band 4, S. 678-679.
294 Lichtenberg, D 173.
295 Ebd., D 602.

zu sein, kann ich mir ein Wesen in der Region der Abstoßungen existierend gedenken, das alle Himmel erfüllte."[298]

So ist Böhmes Mystik für Lichtenberg eine Hilfe, sich selbst als Aufklärer zu überwinden[299], und bei Nietzsche heißt es 1884 endlich: „Eigentlicher Zweck allen Philosophierens ist die intuitio mystica."[300] Die enge Beziehung der Philosophie Nietzsches zur Mystik begleitet sein Werk, er hält sich jedoch eher an Meister Eckhart und die indische Mystik der Upanischaden, die er über Schopenhauer kennengelernt hat, als an Böhme.

Für Spinoza allerdings läßt sich Nietzsche auch, und zwar dauerhafter als Lichtenberg, entflammen, so heißt es in der Frühschrift *Die Philosophie im tragischen Zeitalter der Griechen* zu Thales: „Die dürftigen und ungeordneten Beobachtungen empirischer Art, die Thales über das Vorkommen und die Verwandlungen des Wassers oder, genauer, des Feuchten, gemacht hatte, hätten am wenigsten eine solche ungeheure Verallgemeinerung erlaubt oder gar angerathen; das was zu dieser trieb, war ein metaphysischer Glaubenssatz, der seinen Ursprung in einer mystischen Intuition hat, und dem wir bei allen Philosophien, sammt den immer erneueten Versuchen, ihn besser auszudrücken, begegnen: der Satz ‚Alles ist Eins'."[301]

Geradezu euphorisch schreibt Nietzsche 1881 in einer Postkarte an Overbeck zu Spinoza: „Ich bin ganz erstaunt, ganz entzückt? Ich habe einen *Vorgänger* und was für einen! ... meine Einsamkeit ... ist wenigstens jetzt eine Zweisamkeit."[302]

Karl Albert schreibt: „Charakteristisch für die mystische Erkenntnisweise ist das Einssein von Erkennendem und Erkanntem, das was man auch die ‚unio mystica' genannt hat. Ursprung des Satzes ‚alles ist eins' ist also eine unmittelbare Anschauung der Einheit des Seins, und zwar so,

---

296 Lichtenberg, in einem Brief aus London (Januar 1775), in: Schriften und Briefe, Band 4, S. 218.
297 Lichtenberg, D 652.
298 Ebd., K (2) 919.
299 Vgl. Leider, *Deutsche Mystiker*, S. 72.
300 Nietzsche, N, KSA 11, 26 (308), S. 232.
301 Nietzsche, KSA 1, PZG, S. 813.
302 Nietzsche, aus einer Postkarte vom Ende Juli 1881, KGA, Abteilung 3 (1), S. 111. Spinoza leugnet, laut Nietzsche, wie er selbst (ebd.), „die Willensfreiheit; die Zwecke; die sittliche Weltordnung; das Unegoistische; das Böse."

daß sich der Erkennende mit dem Erkannten eins weiß, daß sich also der Erkennende in die Einheit des Seienden eingeschlossen fühlt."[303]

Was Nietzsche an dem mystisch-ontischen Einheitsgedanken fasziniert haben dürfte, war wohl weniger das Zurücksehnen in den Urschoß des Eins-Seins, schließlich bekennt er sich immer wieder zum Werden als das dem Sein überlegenen Prinzip, er zählt sogar „die Realität des Werdens als *einzige* Realität".[304]

Eine Erkenntnis Nietzsches, die Fink schließlich zu der übertriebenen These veranlaßt, „die fundamentale ontologische Problematik der Griechen scheint ihn überhaupt nicht zu berühren; er ist wie blind dafür."[305] Fink vergißt Nietzsches Frontstellung zur gesamten (Schul-)Philosophiegeschichte – ihrer propositionalen Wahrheits- und Erkenntnisweise – und ihren darin beruhenden Zuspitzungscharakter, eine Konter-Stellung, die die dualistischen Leib-Seele-, Gott-Mensch- oder Natur-Mensch-Beziehungen als Entweder-Oder-Relationen verneint, und sich vielleicht hier einen Zugang zur Einheit der mystischen Welt erschließt.[306]

---

303 Albert, *Lebensphilosophie*, S. 63.
304 Nietzsche, N, KSA 13, 11 (99), S. 48.
305 Fink, *Nietzsches Philosophie*, S. 38.
306 Nietzsche gelingt es (KSA 2, MA 2, WAN, Aph.-Nr. 308) in brillanter Weise die Stimmung eines mystischen Charakters zu fassen: „*Am Mittag.* – Wem ein thätiger und stürmereicher Morgen des Lebens beschieden war, dessen Seele überfällt um den Mittag des Lebens eine seltsame Ruhesucht, die Monden und Jahre lang dauern kann. Es wird still um ihn, die Stimmen klingen fern und ferner; die Sonne scheint steil auf ihn herab. Auf einer verborgenen Waldwiese sieht er den grossen Pan schlafend; alle Dinge der Natur sind mit ihm eingeschlafen, einen Ausdruck von Ewigkeit im Gesichte – so dünkt es ihm. Er will Nichts, er sorgt sich um Nichts, sein Herz steht still, nur sein Auge lebt, – es ist ein Tod mit wachen Augen. Vieles sieht da der Mensch, was er nie sah, und soweit er sieht, ist Alles in ein Lichtnetz eingesponnen und gleichsam darin begraben. Er fühlt sich glücklich dabei, aber es ist ein schweres, schweres Glück."
Hier wird von Nietzsche gleichnishaft das Erleben der mittäglichen Stille in den Verlauf des Lebens übertragen, ein Augenblick des Innehaltens, bevor das gewöhnliche Leben wieder einsetzt: „Da endlich erhebt sich der Wind in den Bäumen, Mittag ist vorbei, das *Leben* reißt ihn wieder an sich, das Leben mit blinden Augen, hinter dem sein Gefolge herstürmt: Wunsch, Trug, Vergessen, Genießen, Vernichten, Vergänglichkeit. Und so kommt der Abend herauf, stürmereicher und thatenvoller als selbst der Morgen war." Nietzsche nimmt diese Glückserfahrung später (1884) auch umgearbeitet in

Der dionysische (Kunst-)Begriff, den er in *Die Geburt der Tragödie aus dem Geiste der Musik* im Gegensatz zum apollinischen entwickelt, wird in seinen Spätschriften der achtziger Jahre mit der Lebensphilosophie verknüpft: „Dionysisch: zeitweilige Identification mit dem Princip des Lebens."[307] Und an anderer Stelle: „Mit dem Wort ‚dionysisch' ist ausgedrückt: ein Drang zur Einheit, ein Hinausgreifen über Person, Alltag, Gesellschaft, Realität, als Abgrund des Vergessens, das leidenschaftlich-schmerzliche Überschwellen in dunklere, vollere, schwebendere Zustände; ein verzücktes Ja-Sagen zum Gesamtcharakter des Lebens, als dem in allem Wechsel Gleichen, Gleich-Mächtigen, Gleich-Seligen; die große pantheistische Mitfreudigkeit und Mitleidigkeit, welche auch die furchtbarsten und fragwürdigsten Eigenschaften des Lebens gutheißt und heiligt ... Mit dem Wort ‚apollinisch' ist ausgedrückt: der Drang zum vollkommenen Für-sich-sein, zum typischen ‚Individuum'; zu Allem, was vereinfacht, heraushebt, stark, deutlich, unzweideutig, typisch macht: die Freiheit unter dem Gesetz."[308]

„Dionysisch zum Dasein stehen – meine Formel dafür ist amor fati"[309], das ist der höchste „Zustand, den ein Philosoph erreichen kann"[310]: Nietzsches *„dionysisches Jasagen* zur Welt"[311]: „Dionysos gegen den ‚Gekreuzigten': da habt ihr den Gegensatz ... Man erräth: das Problem ist das vom Sinn des Leidens: ob ein christlicher Sinn, ob ein tragischer Sinn ... Im ersten Falle soll es ein Weg sein zu einem seligen Sein; im letzteren Fall gilt *das Sein als selig genug*, um ein Ungeheures von Leid noch zu rechtfertigen ... ‚der Gott am Kreuz' ist ein Fluch auf das Leben, ein Fingerzeig, sich von ihm zu erlösen; – der in Stücke geschnittene Gott Dionysos ist eine *Verheißung* des Lebens: es wird ewig wiedergeboren und aus der Zerstörung heimkommen."[312]

Im dionysischen Rausch zerbricht das Individuationsprinzip – während auch der Traum die Welt in ihrer apollinischen Vielheit repräsentiert – seine dionysische Wirklichkeit achtet den einzelnen nicht, sondern trachtet

---

Z (KSA 4) auf, wo diese Erfahrung für die Lehre der Ewigen Wiederkunft genutzt wird. Vgl. Bollnow, *Das Wesen der Stimmungen*, S. 219 f.
307 Nietzsche, N, KSA 10, 8 (14), S. 334.
308 Nietzsche, N, KSA 13, 14 (14), S. 224.
309 Nietzsche, N, KSA 13, 16 (32), S. 492.
310 Ebd.
311 Ebd.
312 Nietzsche, N, KSA 13, 14 (89), S. 266-267.

danach „das Individuum zu vernichten und durch eine mystische Einheitsempfindung zu erlösen."[313]

Der späte Nietzsche macht sich dann sogar daran, neue Mythen zu erfinden – die Selbstinszenierung seines Lebens und Werkes inklusive – so ist sein Zarathustra als Privatmythos auch als Antwort auf Wagners Überlaufen in die christliche Rhetorik zu werten.

Allerdings ist der Zarathustra ein Mythos der Freiheit und der Selbstgestaltung, der dem Diesseits huldigt und dem Leben ein tänzerisches („ich wüsste nicht, was der Geist eines Philosophen mehr zu sein wünschte, als ein guter Tänzer. Der Tanz nämlich ist ... seine einzige Frömmigkeit, sein ‚Gottesdienst'."[314]) und lachendes („ich selber setzte mir diese Krone auf, ich selber sprach heilig mein Gelächter."[315]) Ja abgewinnt und versucht, die entzauberte Welt wieder zu bezaubern: „Und gerade weil wir im letzten Grunde schwere und ernsthafte Menschen und mehr Gewichte als Menschen sind, so thut uns Nichts so gut als die *Schelmenkappe:* wir brauchen sie vor uns selber – wir brauchen alle übermüthige, schwebende, tanzende, spottende, kindische und selige Kunst, um jener *Freiheit über den Dingen* nicht verlustig zu gehen, welche unser Ideal von uns fordert."[316]

Der späte Nietzsche ist allerdings immer auch in der Gefahr, seine aphoristischen Wurzeln für ein Verkündigen- und Überzeugen-Wollen mit verführerischen Monismen (wie dem Übermenschen, dem Willen zur Macht oder der Ewigen Wiederkehr des Gleichen), für ein Belehrenwollen in Lehrsätzen, preiszugeben, wenngleich er davor warnt: „Ich *will* keine ‚Gläubigen', ich denke, ich bin zu boshaft dazu um an mich selbst zu glauben, ich rede niemals zu Massen"[317] und schreibt: „Ich bin ein gefährliches Thier und eigne mich schlecht zum Verehrtwerden."[318]

---

313 Nietzsche, KSA 1, GdT, S. 30.
314 Nietzsche, KSA 3, FW, Aph.-Nr. 381.
315 Nietzsche, KSA 4, Z, S. 366. Man beachte die, bei Nietzsche immer wieder sich wiederholende, theologisch geprägte Semantik, vor allem im *Zarathustra*.
316 Nietzsche, KSA 3, FW, Aph.-Nr. 107.
317 Nietzsche, KSA 6, EH, *warum ich ein Schicksal bin*, Aph.-Nr. 1.
318 Nietzsche, Brief vom 7. 5. 1885, KGA, Abteilung 3 (3), S. 49.

## Konfliktdenken – Dualismen, Differenzierungen, Spannungen, Ausgewogenheit

„Es ist Demokratie in dem aus *Kopf* und *Herz* bestehenden Menschen, was die Monarchie der reinen Vernunft verwirft, und die politischen Demokraten stützen sich auf *Monarchie* der Vernunft. Sie erkennen eine Monarchie zur Verteidigung einer Demokratie. – Suchet einmal fertig zu werden in der Welt mit einem Gott, den die Vernunft allein auf den Thron gesetzt hat. Ihr werdets finden. Es ist unmöglich. Ich sage dieses, so sehr ich auch einsehe (*einsehe*) daß es *billig* wäre, aber diese größere Billigkeit ist gerade die Stimme der Vernunft, die jenes *will,* also parteiisch. Befraget das Herz und ihr werdet finden, daß, so wie die Kleider Leute, so die Geburt Regenten macht."[319]

*Georg Christoph Lichtenberg*

In dem folgenden Essay der philosophischen Voraussetzungen soll das Konfliktdenken als eine letzte fundamentale Eigenschaft erörtert werden.

Der Aphorismus kristallisiert sich heraus als Text mit zwei Richtungen und manifestiert sich als Dualismus zwischen der Tendenz zum Allgemeinen und der Neigung zum Besonderen – er behandelt das Allgemeine im Besonderen und das Besondere im Allgemeinen – einen Dualismus, den der Aphorismus allerdings nicht mit einer Lösung durch Vermittlung zwischen beiden Prinzipien erledigt, sondern der er sich widersetzt.

Neumann analysiert, die Pionierleistung Herders, der noch die gesamte „Weisheitsliteratur", ob in Vers- oder Prosaform im Blick hatte, würdigend: „Er (der Aphorismus, A.E.) insistiert vielmehr gerade auf dieser *Darstellung des Konflikts* zwischen dem Einzelnen, Beobachteten, Bemerkten, sinnlich Aufgenommenen einerseits und seiner Aufhebung im Allgemeinen, Merksatzhaften, Reflektierten, durch den Geist Abstrahierten andererseits. Individuelle Erfahrung und Denksystem, Gefühls- und Denkordnung, detaillierendes und abstrahierendes Vermögen stellen sich im Aphorismus in ihrer unauflöslichen Auseinander-Setzung dar."[320]

---

319 Lichtenberg, L 403.
320 Neumann, *Einleitung*, in: Der Aphorismus, S. 5. Damit ist gleichzeitig die Neumannsche Kernthese seines achthundertfünfzigseitigen Konvoluts (*Ideenparadiese*) zur kürzesten Gattung formuliert.

Lichtenberg spricht im vorangestellten Aphorismus, den er außerordentlich hoch schätzte[321], von Demokratie zwischen Kopf und Herz, zwischen Gefühl und Geist, beide Perspektiven wollen in den Erkenntnisprozeß eingebunden werden: „Alles mit doppelter Rüchsicht zu behandeln: 1) *mit dem Herzen* (nach Gefühlen) 2) mit *Vernunft.*"[322]

In Bezug zum Spannungsverhältnis Mann/Frau schreibt Lichtenberg: „Warum hat Gott so viel Angenehmes in das Doppelte gelegt. Mann und Frau, das *Zwei* verdient Aufmerksamkeit. Ist es vielleicht mit Leib und Seele eben so?"[323] Beide Stoßrichtungen korrigieren sich in einem idealerweise unendlichen richtungaufhebenden Prozeß, den der Rezipient des Aphorismus, der Leser, der auch der Autor sein kann, beeinflußt und bestimmt.

Nietzsche fordert unter der Überschrift „*Sentenzen – Leser*" auch eine (Selbst-)Distanz zwischen Autor und Rezipient (= Autor): „Die schlechtesten Leser von Sentenzen sind die Freunde ihres Urhebers, im Fall sie beflissen sind, aus dem Allgemeinen wieder auf das Besondere zurückzurathen, dem die Sentenz ihren Ursprung verdankt: denn durch diese Topfguckerei machen sie die ganze Mühe des Autors zu nichte, so daß sie nun verdientermaassen anstatt einer philosophischen Stimmung und Belehrung besten und schlimmsten Falles Nichts als die Befriedigung der gemeinen Neugierde zum Gewinn erhalten."[324]

In der Spannung des Einzelnen, das auf das Ganze[325], das kein System mehr sein kann, ausgreift, um es subversiv zu unterwandern, entwickelt sich augenblicklich mit einem kongenialen Leser ein energiegeladener Gedankengang, der dem einen Leser länger und dem anderen kürzer vorkommt.

Nur diese Art von Denkkeimen ermöglichen die „lebendige Fluktuation zwischen der Unmittelbarkeit der Erfahrung und dem sie reflektieren-

---

321 So schreibt Lichtenberg (L 403): „Ich bin davon so sicher überzeugt, daß, wenn mir die Wahl gelassen würde, welches Oktav-Blatt von mir auf die Nachwelt kommen sollte? ich getrost sagen würde: *dieses.*"
322 Lichtenberg, L 379.
323 Lichtenberg, J 153.
324 Nietzsche, KSA 2, MA 2, VMS, Aph.-Nr. 129.
325 Adorno, *Minima moralia* (S. 57) schreibt so ganz antihegelianisch „richtig": „Das Ganze ist das Unwahre."

den Gedanken"³²⁶, als einem eigentlich offenen Lebensphilosophieren, das auf (Mono-)Kausalinjurien verzichten kann.

Musil schreibt im Sinne der beiden Hauptfiguren dieser Arbeit: „Man führt ja auch den Weltkrieg oder unseren Zusammenbruch bald auf diese, bald auf jene Ursachengruppe zurück. Aber das ist Täuschung. Ebensolcher Schwindel wie wenn man ein einzelnes physisches Ereignis auf eine Ursachenkette zurückführt. In Wirklichkeit zerfließen die Ursachen schon bei den ersten Gliedern der Kette in eine unübersehbare Breite. Im Physischen haben wir uns geholfen (Funktionsbegriff). Im Geistigen sind wir ganz ohnmächtig."³²⁷ Daß Neumann diese Ohnmacht immer wieder formelhaft an Kopernikus und Kant festmacht, könnte beinahe einen abermaligen stereotypen Kausalitätszwang verraten, auch wenn diese beiden Protagonisten prädestinierte Gewährsleute sind.

Diese Non-Kausalität erreicht der Aphorismus, indem er verschiedenste Antonymie, wie zum Beispiel Philosophie/Literatur, Metaphysik/Nicht-Metaphysik, Mikrokosmos/Makrokosmos, Aufklärung/Gegenaufklärung, Gefühl/Geist, (Inter-)Subjektivität/Objektivität, Aktivum/Passivum, Sein/-Schein, Schweigen/Schwelgen, Kunst/ Wissenschaft, Hermeneutik/Dekon-struktivismus, Gut/Böse, Identität/Alterität, Freiheit/Determinismus, Anschaulichkeit/Abstraktion, Paradoxon/Metapher³²⁸, Einfall/Klärung³²⁹, Semiotik/Rhetorik oder Analyse/Synthese³³⁰ miteinander spielen, sich gegenseitig korrigieren und erneuern und damit seine Ohnmacht – die Tragödie des Erkennen-Wollenden – aufblitzen läßt.

Hamacher formuliert: „Der Grund für jede derartige Kontrastierung wird nämlich erschüttert, wenn es gelingt plausibel zu machen, daß der Wille als Wille zur Macht über sich selbst in seiner Selbstbeziehung nie einfach als Subjekt und Objekt (ergänze die anderen o. g. Antinomien,

---

326 Neumann, *Ideenparadiese,* S. 222.
327 Musil, *Tagebücher, Aphorismen, Essays und Reden,* S. 664.
328 Siehe dazu den zweiten Teil dieser Arbeit.
329 Mautner, *Der Aphorismus als literarische Gattung* (S. 47 f.), führt diese Begriffe als „zwei Hauptformen aphoristischer Zeugung" ein und erklärt sie – kategorisch abgrenzend – als Ausgangs- und Endpunkt des aphoristischen Denkens. Die Verwendung des Begriffspaares an dieser Stelle soll die Idee Mautners in eine Öffnung in beide Richtungen retten, da die radikale Entgegensetzung meines Erachtens zu kurz greift.
330 Diese Liste ließe sich, je nach Phantasie und Vorliebe, noch beliebig ausdehnen.

Anm. A.E.) ... auftreten kann, ohne in einer Sphäre auszusetzen – immer schon, präkonstitutiv, ausgesetzt zu haben –, die sich seiner Herrschaft entzieht und in der als im Bereich ihrer Ermöglichung alle Gegensätze, noch bevor sie es sind, oszillieren."[331]

Eine wesentliche Grundhaltung des aphoristischen Denkens ist so das Differenzieren, das Gegeneinander- und Miteinander-Ausdifferenzieren, das ständige Abwägen und Unterscheiden aus einer kritisch-distanzierten Einstellung.

Das Wesentliche der Differenzierung in der Aphoristik ist das Ungesagte, Evozierte und durch die Formulierungskunst denkbar gemachte, so fixiert Jost Andreas Müller: „Diese ausgesparte Problematik des Analogiekernes erklärt, warum das Differenzieren nie in anderer Weise als durch die Relation von bloß zwei Begriffen oder zwei erweiterten Begriffskomplexen erfolgt, sei diese Relation nun bloße Verbindung, Vergleich oder definitionsartige Abhängigkeit."[332]

Und kurz darauf: „Dieses Differenzieren ist denkbar als reine Möglichkeit des menschlichen Seins (besser Werdens) zwischen der Schwere des Bedingten und den ewigen Mächten des Ideals und der Freiheit."[333]

Eine Spannung, die – wie es Neumann formuliert: zwischen Topie und Utopie, zwischen verlorenem Lebensparadies und zu gewinnendem Ideenparadies (diese Formulierung kommt vom Frühromantiker Novalis) – das aphoristische Denken nicht aufgeben will. Der Aphorismus zeichnet sich immer wieder dadurch aus, daß er sich an alten Ordnungen reibt, transzendentale, utopische Gegenwelten entwirft und trotzdem nicht auf neue Götzen hereinfällt.

Der Aphorismus unterwandert statt dessen das sich verschulen lassende metaphysische Denken – mit seinen Aussagewahrheiten und seiner Oppositionslogik – das in dem Renaissancehumanismus, der cartesianischen Schule und nochmals, unter größter Kraftanstrengung, in Teilen der europäischen Aufklärung versuchte, die Erfahrung der Subjektivität in eine „Eschatologie der Eigentlichkeit"[334] zu retten.

Montaigne zeigt bereits die Schwächen des humanistischen Menschenbildes und eines etwaigen objektiven Überwindens und Aufhebens der oben genannten Dualismen und Normdichotomien (so die zwischen

---

331 Hamacher, S. 13.
332 Müller, S. 96 f.
333 Ebd.
334 Derrida, *De la grammatologie*, S. 156.

Identität/Alterität oder Natur/Unnatur) auf. La Rochefoucauld und Pascal entzaubern dann Descartes' Subjekt-Metaphysik, die alles in Zweifel zieht außer dem eigenen Ich, dem die eigene substantielle Präsenz durch Nicht-Hinterfragung entzogen wird. Durch die Ausdifferenzierung und Aufwiegung der Gegensätze Eigentlichkeit/Uneigentlichkeit wird die objektive Logik des Entweder-Oder bereits hier ad absurdum geführt und von Pascal in eine Logik des Herzens, wenn auch in christlichen Grenzen, revolutioniert und hinübergerettet.[335]

Im deutschen Sprachraum ist es dann der Aufklärer Lichtenberg, der den totalitären Flügel der Aufklärung bekämpft, der das Auseinanderbrechen von Objektivität und (Inter-)Subjektivität in eine fortschrittlich-vernünftige Geschichtsphilosophie aufzuheben versuchte, und dessen Scheitern aufzeigt.

Der zutiefst aphoristische Charakter des Lichtenbergschen Denkens, der den sensualistischen Menschen mit seiner beschränkten Trieb- und Interessenwelt gegen die verengte Diktatur des Rationalismus verteidigend anklagt, sprengt – anders als Goethes Aphorismen, die fast allesamt versöhnlichen und korrektiven Charakter aufweisen – an einigen wichtigen Stellen, so in seiner skeptischen Sprachphilosophie oder seiner Auflösung der Substantialität des Ichs (siehe oben), das logozentrische, klassische und eigentliche Menschenbild der Kultur des Abendlandes.

Nietzsche ist es dann vorbehalten, den vermeintlichen Schlußstrich unter das restliche, sich bis in das Ende des neunzehnten Jahrhunderts durchziehende, regenerierte und äußerst resistente ontische „Selbst-Bewußtsein" des Menschen und seine phantastischen (Wahrheits- = Glaubens-)Fanatismen zu ziehen.

Und dabei trägt Nietzsche, als einer der profundesten Kritiker der fortschrittstrunkenen bürgerlich-industriellen Welt, neben Marx und Burckhardt, den Konflikt zwischen Wahrhaftigkeit und Nihilismus, zwischen Sprachschöpfung und Sprachzerstörung („Nur als Schaffende können wir vernichten?"[336]) fast durch sein gesamtes Schaffen.

Nietzsche entwirft eine Genealogie der Identität und der Moral und macht allen metaphysischen Ausläufern mit seinen Hinweisen auf das Primat aller Willens- und Triebäußerungen vor den Erkenntnisorganen

---

335 Vgl. Geyer, *Zur Dialektik des Paradoxen in der französischen Moralistik*, in: Das Paradox – Eine Herausforderung des Abendlandes, S. 385 f.
336 Nietzsche, KSA 3, FW, Aph.-Nr. 58.

(nach Schopenhauer) den Garaus. Er entwickelt gar in seinen Spätschriften eine Mythologie zur Befreiung des Menschen in einem Trotzdem-Ja-Sagen zum Leben und zum Schicksal als einem ständigem Akt der Selbstüberwindung.

Diese Spät-Philosophie hält jedoch die aphoristische Spannung nicht immer aus, sie will belehren, überwinden, also auch (auf-)lösen, sie schließt sich teilweise ab und hat vielleicht auch die Hoffnung auf den freien Leser und seinen Unglauben im Inhalt (siehe oben) verloren, gerade weil sich die Lehrinhalte, die Freiheit vermitteln wollen, der formellen Offenheit und seinem Nihilismus verschließen.

Es wird fast nur noch agitiert und fast überhaupt nicht mehr zersetzt. Die Ausgewogenheit zwischen den Polen des Spannungs-Denkens ist empfindlich gestört, die komplexe artifizielle Basis des aphoristischen Denkens wird aufgegeben.

Dieses Aushaltenkönnen der Spannung, die Nietzsches Leidenschaft und Fanatismus formell und damit auch inhaltlich öffneten, erfordert ein un-übermenschliches Problembewußtsein der philosophischen Konfliktherde: „In anderen Fällen macht die aphoristische Form Schwierigkeit: sie liegt darin, daß man diese Form heute *nicht mehr schwer genug* nimmt."[337]

Stern schreibt zu dessen Selbst-Bewußtsein, „daß der Aphorismus die am meisten über sich selbst reflektierende literarische Gattung ist."[338] Deswegen mußten die kopernikanischen Umstürze, die sicherlich alle Verfasser und Gattungen betroffen haben, vom Aphorismus am traumatischsten aufgenommen werden.

Der Aphorismus gefällt sich so seit der frühen Neuzeit, seit Bacon, dem Essayisten Montaigne und Pascal als skeptischer Störenfried, dessen Lust und ernste Aufgabe es ist, mit einem philosophischen Säbel-Schlag alle Wahrheitsideologien und Schulsystemphilosophien zu entstellen.

Nietzsche schreibt unter der Überschrift *Widersprechen können*: „Jeder weiss jetzt, daß Widerspruch-Vertragen-können ein hohes Zeichen von Cultur ist. Einige wissen sogar, daß der höhere Mensch den Widerspruch gegen sich wünscht und hervorruft, um einen Fingerzeig über seine ihm bisher unbekannte Ungerechtfertigkeit zu bekommen. Aber das Wi-

---

337 Nietzsche, KSA 5, GdM, Vorrede, Abschnitt 8, S. 255.
338 Stern, *Eine literarische Definition des Aphorismus*, in: Der Aphorismus, S. 262.

dersprechen-*Können,* das erlangte *gute* Gewissen bei der Feindseligkeit gegen das Gewohnte, Ueberlieferte, Geheiligte, das ist mehr als jenes Beides und das eigentlich Grosse, Neue, Erstaunliche unserer Cultur, der Schritt aller Schritte des befreiten Geistes: wer weiss das?"[339]

Neumann formuliert unser kopernikanisches Trauma als „die Verunsicherung des erkennenden Menschen durch den ‚Widerspruch' zwischen ‚Erleben' und ‚Denken', zwischen ‚situativem' und ‚reflektierendem' Verstehen; er *erlebt* die Sonne als aufgehende und *denkt* sie als stillstehend, er *erfährt* sich als den Naturgesetzen unterworfen und *denkt* sich als gesetzgebend der ‚Natur' gegenüber."[340]

Der Aphorismus wird zum Vehikel des Kulturpessimismus – gerade wenn er sich dem Leben zuwendet – das auf engstem Raum die Zufälligkeit und den Zerfall des vermeintlichen Wahrheitswissens aufdeckt, und die Verbindlichkeiten der Straße und des Katheders und deren normierte Denk- und Verhaltensweisen aufsprengt.

Diese dynamische Aufklärung wird unterstützt und verschleiert durch ein buntes Feuerwerk, durch die Mixtur der intellektuellen Molotow-Cocktails mit funkelnden Pointen, Wortspielen, Metaphern oder Antithesen, die als Formmerkmale im folgenden zweiten Teil der Arbeit untersucht werden.

Sie sind das Florett des Aphoristikers, das unterhält, amüsiert und die Spannung des Aphorismus zwischen Ohnmacht und kritischem Einspruch aushält, kittet und ein attraktives Antlitz präsentiert, das bereits über sich selbst hinaus ist, und dem geeigneten Leser trotzdem einen Kitzel zum Weiterdenken anbietet.

Die Schlußfolgerung, die Geyer zieht, wenn er formuliert, „mit dem Ende der Metaphysik der Eigentlichkeit ist ... aber auch das Ende der Epoche des Paradoxen gekommen"[341] ist dem Aphorismus als „Weiterdenker" zu kurzatmig, wiewohl er diese Problematik von Grund auf kennt.

---

339 Nietzsche, KSA 3, FW, Aph.-Nr. 297.
340 Neumann, *Ideenparadiese,* S. 827.
341 Geyer, S. 405.

## Verkürzung, Kürze, Selbständigkeit und Prägnanz als äußerliche Merkmale

„*Die letzte Hand an sein Werk legen, das heißt verbrennen.*"[342]
Georg Christoph Lichtenberg

Selbst ohne den philosophischen Hintergrund der Gattung Aphorismus ist die Sprachkürze, besser Sprachverkürzung, eines der Merkmale, das zuallererst ins Auge sticht. Diese Kürze – Verkürztheit – der Texte appelliert an das Mitdenken des Lesers und seine Interpretationsfähigkeit bei der Besetzung der „Leerstellen"[343], die der Aphoristiker „hauptsächlich durch das Mittel des Einschränkens"[344] herstellt.

Es geht dem Autor und dem Aphorismus dabei darum, im Rezipienten eine Weltfülle zu evozieren und zu suggerieren, die bisweilen in einem einzigen Wort kulminiert.

In der folgenden Beispielreihe finden wir solche Kürzesttexte, die man vor allem bei Lichtenberg immer wieder antrifft und die die Technik des Verkürzens am radikalsten veranschaulicht:
1) „Das Wahrheits-Gefühl." (Lichtenberg, J 439)
2) „Die Wörter-Welt." (Lichtenberg, J 357)
3) „Sansculottismus." (Lichtenberg, J 1201)
4) „Ein Glaubens-Sklave." (Lichtenberg, J 446)
5) „Die Mythen der Physiker." (Lichtenberg, J 241)
6) „Die Hermeneutik der Hypochondrie." (Lichtenberg, J 770)
7) „Ein Schluck von Vernunft." (Lichtenberg, E 202)
8) „Mit wollüstiger Bangigkeit." (Lichtenberg, C 351)
9) „Nicht intolerant, aber intolerabel." (Lichtenberg, L 1)
10) „Wohin mein Schicksal und mein Wagen mich führt." (Lichtenberg, B 75)

---

342  Lichtenberg, F 173.
343  Vgl. Fedler, *Der Aphorismus – Begriffsspiel zwischen Philosophie und Poesie*, S. 50. Fedler verweist hier auf W. Iser, *Die Appellstruktur der Texte*, in dem dieser den Begriff Leerstelle in Bezug auf Ingardens Romanparadigma prägt. Der Begriff scheint auch in meiner Darstellung durchaus fruchtbar zu sein. Es handelt sich hierbei um diese Art von Leerstelle, die ein nicht völlig klägliches Wortspiel mit dem Anverwandten Lehrstelle zuläßt.
344  Müller, S. 13.

11) „Als ich so studierte und schlief." (Lichtenberg, E 373)
12) „In saufbrüderlicher und kaffeeschwesterlicher Eintracht."
    (Lichtenberg, B 415)
13) „Ein Mädchen, kaum zwölf *Moden* alt." (Lichtenberg, K (2), 251)
14) „Deutscher Geist": seit achtzehn Jahren eine contradictio in adjecto."
    (Nietzsche, KSA 6, GD, SP, Aph.-Nr. 23)
15) „Öffentliche Meinungen – private Faulheiten."
    (Nietzsche, N, KSA 10, 12 (1), S. 383)
16) „Formel meines Glückes: ein Ja, ein Nein, eine gerade Linie, ein *Ziel*
    ..." (Nietzsche, KSA 6, GD, SP, Aph.-Nr. 44)
17) „Auf seine Fehler säen." (Nietzsche, N, KSA 8, 28 (36), S. 508)
18) „Der Revolter-Pessimismus."
    (Nietzsche, N, KSA 13, 11 (158), S. 75)
19) „Imaginäre Ursachen." (Nietzsche, N, KSA 13, 16 (3), S. 484)
20) „Die Theatromanie." (Nietzsche, N, KSA 13, 11 (342), S. 150)

Lichtenberg gelingt es in diesen ersten Komposita (1, 2, 4) auf engstem Raum die wesentlichen Hauptdifferenzierungen in einigen Wörter-Welten – auch mit Wortneuschöpfungen (3) – in Stegreif-Kompositionen zu entwerfen, die die nötigen Spannungspotentiale in sich bergen.

Auch die Verkürzung auf einen bloßen Nebensatz (10, 11), einzelne Satzteile (5-7), adverbiale Bestimmungen (8, 12) oder eine Satzverkürzung auf Nomen plus Apposition (13) sind Beispiele für diese Verkürzungsmethoden, die Lichtenberg immer wieder virtuos handhabt.

Bei Nietzsche tauchen solche elliptischen Verkürzungen seltener und zur Hauptsache in seinen Nachlaßschriften auf – hier und da fehlt ein Wort, oft ein Verb, so daß ein Nebensatztorso entsteht (14, 16, 17). Es gibt jedoch auch bei Nietzsche Komposita (18), bloße Satzteile (19) und Neologismen (20), die für sich stehen und die die extreme Spielart seines Verkürzungstalents auszeichnen.

In diesen sprachlichen Verkürzungen wird auch inhaltlich-formell bereits anschaulich (Metapher), (gegen-)begrifflich (Paradoxon) und pointiert ein problematischer Analogiekern verkürzt, zugespitzt und herausgearbeitet, der im weiteren Verlauf noch von Interesse sein wird.

Nietzsche bezeichnet die Aphorismen, „in denen ich als der erste unter Deutschen Meister bin"[345], als die „Formen der ‚Ewigkeit', mein Ehrgeiz

---

345 Nietzsche, KSA 6, GD, *Streifzüge eines Unzeitgemässen*, Aph.-Nr. 51.

ist, in zehn Sätzen zu sagen, was jeder Andre in einem Buch sagt, – was jeder Andere in einem Buch *nicht* sagt."[346]

Denn, so fixiert Nietzsche an anderer Stelle, „etwas Kurz-Gesagtes kann die Frucht und Ernte von vielem Lang-Gedachtem sein".[347]

Das Verhältnis Text – Buch könnte die Formulierung „in zehn Sätzen" beleuchten, wenn nicht ein „langer" Aphorismus auf dem Sprung zum Essay gemeint ist – das hieße dann, daß der Ko- und Kontext der Aphorismen-Sammlung dem Leser nicht nur die Möglichkeit gibt, „das lakonisch Verkürzte in lebendiger Auseinandersetzung zu einem Buch zu machen, sondern daß der Satz andererseits in ein Ensemble anderer Sätze gestellt, zu einem Kreuzungspunkt verschiedener Gedankenzüge werden kann."[348] Dieser Wille zur Interpretation des Lesers würde sich dann gegen den hermetischen Gattungsbegriff von Fricke wenden, der eine „kotextuelle Isolation"[349] der Gattung festmachen will.

Der längere Aphorismus, der sich mit dem kürzeren Essay durchaus überschneiden kann, ist übrigens, wenn auch nicht auf so radikale Weise, wie unsere Beispiele, auf Verkürzung angewiesen, er ist in dem Sinne kurz, als die Länge des Textes zu seinem Interpretationspotential immer kurz, verknappt, erscheinen muß.[350]

Nietzsche formuliert: „*Das Unvollständige als das Wirksame.* ... so ist mitunter die reliefartig unvollständige Darstellung eines Gedankens, einer ganzen Philosophie wirksamer, als die erschöpfende Ausführung: man überläßt der Arbeit des Beschauers mehr, er wird aufgeregt, das, was in so starkem Licht und Dunkel vor ihm sich abhebt, fortzubilden, zu Ende zu denken und jenes Hemmnis selber zu überwinden, welches ihrem völligen Heraustreten bis dahin hinderlich war."[351]

Und an anderer Stelle: „Eine Sentenz ist ein Glied aus einer Gedankenkette; sie verlangt, daß der Leser diese Kette aus eigenen Mitteln wie-

---

346 Ebd.
347 Nietzsche, KSA 2, MA 2, VMS, Aph.-Nr. 127.
348 Neumann, *Ideenparadiese*, S. 222. Die Fortsetzung des Satzes mit den Worten „und sich mit ihnen zu einem Ganzen vereinigen kann" erscheint mir in dieser harmonisierenden Vereinfachung der Problematik der Gattung nicht gerecht zu werden.
349 Vgl. Fricke, *Aphorismus*, S. 10 f.
350 Vgl. die dickleibige Arbeit von Heller, *Von den ersten und letzten Dingen – Studien und Kommentar zu einer Aphorismenreihe Nietzsches*.
351 Nietzsche, KSA 2, MA 1, Aph.-Nr. 178.

derherstelle: diess heisst sehr viel verlangen. Eine Sentenz ist eine Anmaasung. – Oder sie ist eine Vorsicht".[352]

Letztendlich ist es dieser spannungsgeladene „Torso"-Charakter[353], den der Aphoristiker künstlerisch erstellt, der die Phantasie und das Bildungsniveau des Lesers prüft.

Lichtenberg stellt, im Vergleich mit Nietzsche, konsequenter die Wahrheit vor den ästhetischen Maßstab seines Sprech-Schreibens (siehe oben), ohne eine Relativierung dieses Plädoyers für Prägnanz durch Schlichtheit und Spontaneität mitzudenken: „Es soll Menschen gegeben haben, die, sogleich wenn sie einen Gedanken niedergeschrieben, auch sogleich die beste Form getroffen haben sollen. Ich glaube wenig davon. Es bleibt allemal die Frage ob der Ausdruck nicht besser geworden wäre, wenn sie den Gedanken mehr gewendet hätten, ob nicht kürzere Wendungen wären getroffen worden, ob nicht manches Wort weggeblieben wäre was man anfangs für nötig hielt, welches aber eigentlich doch nur unnütze Erläuterung war, wenigstens für den verständigen Leser. – Gleich auf den ersten Wurf so zu schreiben wie z. E. Tacitus liegt *nicht* in der menschlichen Natur. Um einen Gedanken recht rein darzustellen, dazu gehört sehr vieles *Abwaschen und Absüßen*, so wie einen Körper rein darzustellen (Herv.en, A.E.)."[354]

Neben diesen Verkürzungstechniken zur „Erziehung" seiner Rezipienten zum Lesen und Selbst-Denken sind aber auch die sprachphilosophischen Gattungs-Prämissen für die Kürze des Aphorismus verantwortlich. Aus den in den ersten drei Essays geschilderten sprachskeptischen und systemkritischen Einsichten drängt der Aphorismus nämlich aus dem Problem der Mitteilbarkeit heraus („Einen Menschen recht zu verstehen müßte man zuweilen der nämliche Mensch sein, den man verstehen will."[355]), zu seiner eigenen Selbstauflösung und Selbstzerstörung.

Die Fokussierung und Konzentrierung des aphoristischen Denkens verursacht so in letzter Konsequenz seine Selbstvernichtung[356], so rasant drängt der Aphorismus auf den Punkt, den er am liebsten auch noch auslöschen will – und tatsächlich verwundert der Punkt als Satzschlußzeichen

---

352 Nietzsche, N, KSA 8, 20 (3), S. 361.
353 Fricke, *Aphorismus*, S. 8.
354 Lichtenberg, J 283.
355 Lichtenberg, B 262.
356 Vgl. Knauff, S. 31.

bisweilen, wo es doch eines Satzanfangszeichens am Ende eines Aphorismus, oder wenigstens eines abermaligen Fragezeichens, bedürfte.

Sein gebrochener Wille zum Wissen, sein Nichtmehrwissenwollen, sein umgewerteter Wille zum Nichtwissen, zum nicht-propositionalen Wissen, zu seiner Unsagbarkeit und sein Wille zum Schweigen spiegelt sich in seiner radikalen Konsequenz in einem Willen zur Nicht-Veröffentlichung und einer tiefen Abneigung gegen Viel-Veröffentlicher wider.

Knauff schreibt, nicht unaphoristisch, gegen den Produktionsrausch mancher Schriftsteller und Poeten, „die Überproduktivität an Ideen verhindert die Produktivität".[357]

Lichtenberg schreibt immer wieder gegen den Trieb des Autors zum Publizieren an: *„Ja über alles seine Meinung (sagen) mit so vielen Zusätzen von Neuem als möglich; ohne dieses wird aus allem nichts nur hüte dich vor dem Drucken- Lassen"* (Hervhbg. A.E.).[358]

Lichtenberg formuliert das Publizieren als Notlösung, „wäre es möglich, auf irgend eine andre Art mit ihr (der Welt, A.E.) zu sprechen, daß das Zurücknehmen noch mehr stattfände, so wäre es gewiß dem Druck vorzuziehen."[359] An anderen Stellen kritisiert Lichtenberg, „das viele Lesen hat uns eine gelehrte Barbarei zugezogen"[360], „wenn sie die Wahrheit in der Natur gefunden haben, so schmeißen sie sie wieder in ein Buch, wo sie noch schlechter aufgehoben ist"[361], während er den Viellesern vorhält: „Sie lesen nur und sehen nicht, und trinken Hühnerbrühe."[362]

Nietzsche fordert ein *„Drakonisches Gesetz gegen Schriftsteller. –* Man sollte einen Schriftsteller als einen Missethäter ansehen, der nur in den seltensten Fällen Freisprechung oder Begnadigung verdient: das wäre ein Mittel gegen das Ueberhandnehmen der Bücher."[363]

Vielleicht erklärt sich hieraus auch der Nachlaßcharakter der Gattung Aphorismus – fast der ganze Lichtenbergsche Prosaschatz, neben einigen publizistischen Veröffentlichungen zu Lebzeiten, und auch Teile der

---

357  Ebd., S. 48.
358  Lichtenberg, J (2) 1352.
359  Lichtenberg, B 272.
360  Lichtenberg, F 1085. Kraus (A 1387) schreibt in diesem Sinne dann: „In einen hohlen Kopf geht viel Wissen."
361  Lichtenberg, E 307.
362  Lichtenberg, E 203.
363  Nietzsche, KSA 2, MA 1, Aph.-Nr. 193.

Nietzsche-Schriften gelangten nicht zufällig erst posthum an das Licht der Öffentlichkeit, und zwar als das Ergebnis eines Für-Sich-Denkens ohne Angewiesenheit auf ein wie auch immer geartetes Publikum: „Ich habe schon lange an einer Geschichte meines Geistes so wohl als elenden Körpers geschrieben, und das mit einer Aufrichtigkeit die vielleicht manchem eine Art von Mitscham erwecken (wird); sie soll mit größerer Aufrichtigkeit erzählt (werden) als vielleicht irgend einer meiner Leser glauben wird. Es ist dieses ein noch ziemlich unbetrettner Weg zur Unsterblichkeit (nur von Kardinal de Retz). Nach meinem Tod wird es der bösen Welt wegen erst heraus kommen."[364] Bei Nietzsche heißt es dann: „*Gegen die Kurzsichtigen.* – Meint ihr denn, es müsse Stückwerk sein, weil man es euch in Stücken giebt (und geben muss)?"[365]

Häntzschel-Schlotke bemerkt zur größeren Unentschiedenheit Nietzsches zur Veröffentlichung: „Nietzsche war nicht so konsequent, wie er seinen Pyrrhon (Zarathustra, Wan. 213) sein läßt, dessen ganze Philosophie nach dem Mißtrauen gegen alle Worte Schweigen und Lachen bleibt."[366]

Diese Konsequenz wäre jedoch auch in seiner ganzen Einseitigkeit der Tod des (aphoristischen) Denkens schlechthin, dem es zuwider ist, sich auf eine Seite zu schlagen, und der deshalb auch eher den Pakt mit der korrumpierten und metaphysischen Sprache sucht, bei der er sich bedient, um sie mit ihren eigenen Mitteln zu bekämpfen, als seine Anwaltschaft des „romantischen Schweigens"[367] noch weiter auszubauen. Die nicht-propositionale Erkenntnis und ihre vorsichtige Propositonalisierung[368], die sich indirekt im Aphorismus vollzieht, ficht so mit einem Schweigen der Unsagbarkeit und Nicht-Mitteilbarkeit immer neue Sträuße aus.

Schildknecht schreibt in diesem Zusammenhang zum aphoristischen Denken Lichtenbergs: „Mit dem nicht-propositionalen Wissen jedoch ist nicht lediglich ein verschiedner *Grad* propositionalen Wissens gemeint, sondern prinzipiell propositional *nicht* mitteilbares Wissen. Dieses Wissen ist als subjektiv gebildetes *praktisches* Wissen *direkt nicht mitteilbar*, als ... *intuitive* Sicht der Dinge *nicht sagbar*."[369]

---

364 Lichtenberg, F 811.
365 Nietzsche, KSA 2, MA 2, VMS, Aph.-Nr. 128.
366 Häntzschel-Schlotke, S. 19.
367 Vgl. Bertram, S. 226.
368 Vgl. Schildknecht, S. 163.
369 Schildknecht, S. 156.

Das Ergebnis eines Gedankens spiegelt sich am reinsten in seiner Kürze und Gedrängtheit wider, der die Tendenz zur Auflösung in sich trägt. So kritisiert Nietzsche: „auch dem ehrlichsten Schriftsteller enfällt ein Wort zuviel"[370], und mutmaßt: „der beste Autor wird der sein, welcher sich schämt, Schriftsteller zu werden."[371]

Asemissen schreibt zu dieser Problematik der Sprech-, Schreib- und Schweig-Gattung, „schon die schriftliche Fixierung und der Druck in Büchern vermindern seine Wirkung."[372] Und kurz darauf: „Er (der Aphorismus, A.E.) lebt nur in der unmittelbaren Wirkung. Aber er läßt sich lebend nicht fangen. Und tot ist er nicht mehr derselbe, der er in seiner Lebendigkeit war."[373]

Der fixierte Text an sich hat sich so noch nicht zu Ende ge- und verkürzt, er gibt die Offenheit in diesem Sinne an dem Eingang zum Gefängnistrakt Sprache ab und verweigert sich dieser letzten Konsequenz, die er nicht immer nötig hat.

---

370 Nietzsche, KSA 2, MA 1, Aph.-Nr. 191.
371 Ebd., Aph.-Nr. 192.
372 Asemissen, S. 176.
373 Ebd.

# (Gegen-)Begriffliches Denken in Paradoxien, Antithesen und Sinnklammern

„*Paradoxien des Autors. – Die sogenannten Paradoxien des Autors, an welchen ein Leser Anstoss nimmt, stehen häufig gar nicht im Buche des Autors, sondern im Kopfe des Lesers.*"[374]

Friedrich Nietzsche

Das im vorletzten Essay behandelte Konfliktdenken verführt zu der Einsicht, den Aphorismus als „die paradoxeste aller literarischen Gattungen"[375] darzustellen und in dem Aphorismus „*das literarische Emblem des Paradoxons*"[376] zu sehen. Die Schwierigkeit im Zusammenhang mit dem Paradoxon besteht darin, daß es sich bei dieser Form eher um eine Stilmanier als eine rhetorische Kategorie handelt. Plett schreibt, „die Emphase des Pragmatischen weist das rhetorische Paradoxon als eine Kategorie der Unschärfe aus"[377], sie vermischt rhetorische Kriterien „mit solchen der Logik, aber auch der Ontologie und Epistemologie."[378]

Damit kommt dieser Denk- und Sprachmodus, der sich in logischen (Schein-)Widersprüchen manifestiert, die sich schockartig als wahrheitshaltig, manifestieren[379], den aphoristischen Absichten in höchstem Maße entgegen.

Die bipolare philosophische Struktur des Aphorismus schlägt in den offen zu haltenden vermeintlichen Gegensatzpaaren und poetisch-relativen Paradoxien Begriff/Bild und Paradoxon/Metapher eine formale Brücke zwischen Abstraktion und Anschaulichkeit und befruchtet genau hier, an der Schnittstelle zwischen dem Allgemeinen im Besonderen und dem Besonderen im Allgemeinen, die einen Analogiekern bilden, seinen Denk-

---

374 Nietzsche, KSA 2, MA 1, Aph.-Nr. 185.
375 Stern, S. 265.
376 Ebd., S. 266.
377 Plett, *Das Paradoxon als rhetorische Figur*, in: Das Paradoxon – Eine Herausforderung des abendländischen Denkens, S. 101.
378 Ebd.. Vgl. Fedler, S. 100, wo er K. Schäfer, „*Paradox*", in: Handbuch philosophischer Grundbegriffe, ähnlich zitiert: „Das Stichwort ‚Paradox' lenkt den Blick auf ein weites Feld unterschiedlicher Phänomene, Traditionen, Fragestellungen und Debatten."
379 Vgl. Plett, S. 90.

keim. Anders als im Metaphern-Denken werden nicht eigentlich inkompatible Begriffe zusammengedacht, sondern widersprüchliche (para) Begriffe werden verbunden, die der sprachlichen „Normierung"[380] (doxa) diametral entgegenlaufen. Es liegt in den Händen des Lesers und seinem – zu brechenden – Willen zum Entziffern, diese schiefe Bahn des Aphorismus zu begehen und „seinem" aphoristischen Text mit den beiden wichtigsten Formen – der Metapher und des Paradoxons – gerecht zu werden.

In diesem Kapitel soll die tendenziell eher paradoxe, antithetische Struktur als ein potentieller Pol des aphoristischen Denkens behandelt werden, für dessen Gegensatz Müller und die Seinen (er spricht von wir) „den Begriff Sinnklammer vorschlagen möchten, weil sich in diesem Gegensatz der Sinn des Aphorismus schon im kleinsten bewährt, weil dieser Gegensatz den Aphorismus eigentlich bestimmt und seinen Sinn wie eine Klammer umschließt."[381]

Eine erste Beispielgruppe von Aphorismen soll dieses klassische aphoristische Muster veranschaulichen:

1) „Der eine hat die falsche Rechtschreibung und der andere eine rechte Falschschreibung." (Lichtenberg, G (2) 37)
2) „Ein doppelter Louisd'or ist zuverlässig mehr als 2 einzelne." (Lichtenberg, L 264)
3) „Ich kann es wohl begreifen aber nicht *an*fassen und umgekehrt." (Lichtenberg, C 277)
4) „Warum warnt die eiternde Lunge so wenig, und das Nagelgeschwür so heftig?" (Lichtenberg, J 32)
5) „Die Superklugheit ist eine der verächtlichsten Arten von Unklugheit" (Lichtenberg, J 248)
6) „Wenn ein Buch und ein Kopf zusammenstoßen und es klingt hohl, ist das allemal im Buch?" (Lichtenberg, D 399)
7) „Die so genannten gesitteten Menschen, die unter uns zu reden die allerungesittesten sind." (Lichtenberg, D 659)
8) „Der Pöbel ruiniert sich durch das Fleisch das wider den Geist, und der Gelehrte durch den Geist dem zu sehr wider den Leib gelüstet." (Lichtenberg, B 21)

---

380 Vgl. Fricke, *Norm und Abweichung – Eine Philosophie der Literatur*, S. 64f.
381 Müller, S. 26.

9) *„Aus dem Lande der Menschenfresser.* – In der Einsamkeit frisst sich der Einsame selbst auf, in der Vielsamkeit fressen ihn die Vielen. Nun wähle." (Nietzsche, KSA 2, MA 2, VMS, Aph.-Nr. 348)
10) „Wie? ist der Mensch nur ein Fehlgriff Gottes? Oder Gott nur ein Fehlgriff des Menschen?" (Nietzsche, KSA 6, GD, SP, Aph.-Nr. 7)
11) *„Remedium amoris.* – Immer noch hilft gegen die Liebe in den meisten Fällen jenes alte Radicalmittel: die Gegenliebe." (Nietzsche, KSA 3, M, Aph.-Nr. 415)
12) *„Dank.* – Eine feine Seele bedrückt es, sich jemandem zum Dank verpflichtet zu wissen; eine grobe, sich jemandem." (Nietzsche, KSA 2, MA 1, Aph.-Nr. 330)
13) *„Wider die Phantasten.* – Der Phantast verleugnet die Wahrheit vor sich, der Lügner nur vor Andern." (Nietzsche, KSA 2, MA 2, VMS, Aph.-Nr. 6)
14) „,Deutscher Geist', seit achtzehn Jahren eine contradictio in adjecto." (Nietzsche, KSA 6, GD, SP, Aph.-Nr. 23)
15) *„Lachen.* – Lachen heisst: schadenfroh sein, aber mit gutem Gewissen." (Nietzsche, KSA 3, FW, Aph.-Nr. 200)

Die paradoxen, antithetischen Satzstrukturen und Merkmale des Aphorismus nehmen auch verschiedene rhetorische Figuren in Anschlag. So heißt es in einem Lehrbuch: „Die paradoxen Phänomene ... zusammengefaßt im acutum dicendi genus. Es gehören z. B: hierher: Ironie, Emphase, Litotes, Hyperbel, manche Periphrasen, Oxymeron, semantisch kompliziertes Zeugma, Chiasmus und verwandte Erscheinungen des ordo artificialis."[382]

Außerdem sollten unter die paradoxen Phänomene als Stilfiguren des Widerspruchs, die Synoeciosis und die Antinomie eingeordnet werden.[383]

Ob die Mautnersche Verfahrensweise der Aufzählung innerhalb der Aphoristik erprobter Stilfiguren über einen bloßen Ordnungscharakter hinaus eine Aussagekraft hat, steht so in Frage.[384]

---

382 Lausberg, *Elemente der literarischen Rhetorik*, § 37, S. 1. Der Begriff Ironie ist hier im engsten Sinne des Wortes gemeint. Vgl. zur Thematik Aphorismus und Ironie Häntzschel-Schlotke, S. 115 f. und den zweiten Essay dieser Studie.
383 Vgl. Plett, S. 102.
384 Lausberg fragt in seinem Vorwort (S. 9), „ob die Terminologie der Rhetorik nur ordnende Kassifizierung, nicht Wesens-Erkenntnis, oder funktionale Deutung bieten kann."

Fricke zählt in seiner Arbeit gar dreiundzwanzig Techniken des aphoristischen Begriffsspieles auf[385], die Fedler[386], wenn auch klassifizierend, für seine Arbeit übernimmt, in dem das Paradoxon (oder die Antithese) und die Metapher, als die zwei wichtigsten Techniken neben Formen wie Banalität, Allaussagen und Er-Aphorismen fragwürdigerweise gleichberechtigt behandelt werden. Wieder einmal, so scheint es, sind die Aphorismus-Forscher dem Spieltrieb des Aphorismus auf den Leim gegangen.

Dennoch lassen sich anhand unserer Versuchsreihe von Aphorismen einige handwerkliche Formierungen durch den Aphoristiker abschauen, beschreiben. Beim ersten Aphorismus wird in Antithese zum Wort „Rechtschreibung" ein Neologismus gebildet, der den zweiten Wortstamm mit seinem Widerpart gemein hat, es entsteht „Falschschreibung". Beide Worte werden mit dem jeweils paradoxen Gegenstück verknüpft, so entsteht die Paradoxie innerhalb der Antithese, mit der „falschen Rechtschreibung" und der „rechten Falschschreibung", einem Chiasmus also.

Lichtenbergs Kommentar zu kommenden Rechtschreib-Reformen hinterläßt, um eine Interpretationsausnahme zu machen, folgende mehrdeutige Interpretationsmuster: „Wenn man versteht, der eine mache noch mäßige Fehler in der Orthographie, wohingegen der andere aus seinen Fehlern ein regelrechtes System mache, so liegt ... die Frage nahe, ob nicht das Regelrechte ein Recht, zumindest einen stabilen Grund habe. Man kann jedoch auch lesen, daß der eine nur die Orthographie zu vollziehen versteht, aber eine falsche ohne Sinn, nämlich dem Normativen bloß unterworfen, während der andere, außerhalb der Norm, das Risiko, mißverstanden oder für ungebildet gehalten zu werden, für die Möglichkeit des rechten, individuell passenden Ausdrucks eingeht."[387]

Ein weiteres Beispiel für einen Chiasmus ist Aphorismus-Nummer 8, für einen Vergleichs-Aphorismus die Nummern 2, 9 und 13, für eine (Schein-)Definition Aphorismus-Nummer 5 und 15, für einen Parallelismus die Aphorismen 7 und 12.

All diese rhetorischen Figur-Varianten stehen dem Paradoxon als Skandalon zu Diensten – es „ist das zentrale Prinzip der Antithese, es hat die Funktion, die unterscheidende Idee zu produzieren, d. h. sowohl zu implizieren als auch im Leser zu provozieren."[388] Lichtenberg formuliert

---

385 Vgl. Fricke, *Aphorismus,* S. 140 f.
386 Vgl. Fedler, Kapitel 5, S. 99 f.
387 Welser, S. 191-192.
388 Ebd., S. 205.

dieses perspektivische Arbeitsziel des Aphoristikers als Motto: *"Etwas recht Paradoxes hierüber, woran noch gar kein Mensch leicht gedacht haben kann."*[389]

Pagliaro erstellt in diesem Zusammenhang ein nicht unplausibles Klassifikationsmodell für das Paradoxon bei La Rochefoucauld und einigen repräsentativen englischen Nachfolgern auf, worin er die paradoxen Aphorismen den sogenannten erklärenden gegenüberstellt. Er teilt innerhalb der paradoxen wiederum zwischen polaren und nichtpolaren paradoxen Aphorismen. Im Rahmen der polaren, paradoxen Aphorismen ist die Rede vom Parallelismus der Antithese und von (bi-)polaren Aphorismen mit Gleichungs- beziehungsweise Vergleichungsstruktur.[390] (Auch die Proportion ließe sich plausibel hier unterordnen. Zum Beispiel: „Er stieg langsam wie ein Hexameter vorn, und seine Frau trippelte wie ein Pentameterchen hinten drein."[391])

Damit lassen sich wichtige Verfahrensweisen und Stilmittel des Aphoristikers, die eigentlich unbegrenzt sind, wenn man eine Ausweitung von La Rochefoucald auf den Gattungsbegriff als legitim erachtet, unter dem einen großen Gattungsführer Paradoxon sammeln.

Die Gefahr dieses Denkmittels und eine Überreizung dieser Technik wird immer wieder aufgeführt – so schreibt Asemissen: „Doch auch und gerade angesichts dieser entscheidenden Vorteile, die ihm das Bündnis mit dem Paradoxon bietet, kann sich der Aphorismus ihm nicht bedingungslos ergeben. Er muß die paradoxen Kräfte in der Gewalt haben. Denn das Paradoxon dient ihm nicht nur, es gefährdet ihn auch. Es gefährdet die Einsicht, um die es ihm geht, indem es ständig droht absurd zu werden. Das aber kann er sich nicht leisten. Er braucht die Spannung, aber es darf nicht zum Kurzschluß kommen. Hier sind ihm Sicherungen nötig. Sie müssen verhüten, daß der Selbstwiderspruch zur Selbstaufhebung führt. Denn eine Einsicht, die sich selbst aufhebt, ist keine Einsicht, ein Aphorismus ohne Einsicht kein Aphorismus mehr ... Wer im Ernst sich selbst widerspricht, kann keinesfalls mehr andere zum Widerspruch reizen."[392]

Daß die Tendenz des Aphorismus zur Selbstauflösung im Gattungs-Bewußtsein intendiert ist, wurde im vorherigen Verkürzungs-Kapitel re-

---

389 Lichtenberg, J (2), 1261.
390 Pagliaro, *Das Paradoxon bei La Rochefoucauld und einigen repräsentativen englischen Nachfolgern*, in: Der Aphorismus, S. 314 f.
391 Lichtenberg, L 73.
392 Asemissen, S. 166-167.

flektiert: der Aphorismus hat seine „paradoxen Kräfte" nur noch scheinbar unter „Gewalt", sein „Widerspruchscharakter"[393] entzieht sich der historischen Vergänglichkeit des Widerspruchs in seinem radikalen – offen zu haltenden – Konflikt zwischen Kritikfähigkeit und Ohnmacht.

Auch Requadt („Antithesen und symmetrische Perioden scheinen ihm ... leicht der Wahrheit Eintrag zu tun"[394]) und Grenzmann („Beliebt ist die *Antithese*. Deutsche Aphoristiker haben die Gefährlichkeit dieser Figur des öfteren betont, benutzen sie jedoch in hohem Maße. Nietzsche, der vor ihr warnte, handhabt sie am verführerischsten"[395]) betrachten die Anwendung dieser aphoristischen „Waffe" eher skeptisch und ablehnend.

Dabei sind das Paradoxon und die Antithese gerade deshalb aus philosophischer Sicht die optimalen Mittel des Aphorismus, da sie es verstehen, ihre rebellischen Umsturzabsichten gegen die unkritische Begriffsgläubigkeit, durch deren einfache Verneinung durchzusetzen. Der Aphoristiker bleibt somit zwar auch in der philosophisch-begrifflichen Sprachwelt befangen – durch seinen Gegenwelt-Entwurf destruiert er jedoch den Sprachoptimismus der Tradition und initiiert eine gegenbegriffliche Wende im Kontakt zur Begriffswelt – in, an und außerhalb der Grammatik. Dieser radikale Ansatz, der seinen spielerischen Charakter nicht aufgibt[396], wird gerade von den Aphorismus-Forschern, die von der literarischen Seite an das Thema herantreten, immer wieder verharmlost.

Diese Verharmlosung gipfelt in den folgenden Worten Grenzmanns, die eine „System"-Überlegenheit voraussetzen: „Der Aphoristiker ist darum kein Skeptiker: er setzt die Welt um sich her voraus, – auch wie Pascal – die Glaubenswelt, aber er versucht sie nach eigenem Vermögen zu durchleuchten und sich anzueignen. Skeptisch ist er nur gegen überkommene und nicht geprüfte Meinungen."[397]

Derselbe Grenzmann gesteht es sich so ungern ein, „aber es ist wahr: ein großer Teil des Aphorismus lebt von der *Umwertung*"[398]; Asemissen stellt fest, „zu opponieren ist seine Leidenschaft"[399], „immer kämpft er ge-

---

393 Vgl. Asemissen, S. 165.
394 Requadt, *Lichtenberg*, S. 112.
395 Grenzmann, S. 197.
396 Vgl. Febel, *Aphoristik in Deutschland und Frankreich*, S. 122 f.
397 Grenzmann, S. 188.
398 Ebd., S. 194.
399 Asemissen, S. 165.

gen die Diktatur des Gewöhnlichen"[400], und auch Kipphoff konstatiert, „er befindet sich in permanenter Opposition."[401]

Wehe, dessen Vokabular Fricke, der diese Forschungseinsichten einseitig dem Psychologismus-Vorwurf[402] unterzieht, in die Nähe der „damaligen Parteigermanistik"[403] rückt und als „geistige Kriegsvorbereitung"[404] abkanzelt, schreibt zum (Sprach-)Rebellen Aphorismus und seiner Säbelspitze nicht zu Unrecht: „Der Mut zum Gefährlichen, das kämpferische Ethos verlangte schon ein sprachliche Prägung, in der das Unbedingte und Angreiferische seiner Haltung voll zur Geltung kam ... Das Dynamische, Gefährliche, Kämpferische, Enthusiastische, Unbedingte geht ganz von selbst vom Gedanken auf den Stil und die Form über."[405]

Während diese Behauptungen Wehes, wo sie Nietzsche zum deutschen Aphoristiker par excellence machen, noch nachvollziehbar bleiben, ist der Nachsatz („wobei ‚deutsch' noch stärker zu betonen ist als ‚Aphoristiker', denn sowohl im Gehalt wie in der Absicht und im Entstehen sind Nietzsches Aphorismen am weitesten von den klassischen französischen entfernt"[406]) äußerst fragwürdig und läßt Frickes übertriebene Einschätzung nachvollziehbar werden. Hier scheint der deutschtümelnde Kampfgeist mit dem Forschergeist eine unglückliche Liaison eingegangen zu sein – ist der neuzeitlich-moderne Aphorismus doch ein europäisches Phänomen, das beinahe zeitgleich mit der Oper (auch in der Operngeschichte gab es einen deutschsprachigen Spät-Start), einen humanen Affront gegen einseitige, repressive Vereinnahmungsversuche der systematisch-dogmatischen Rationalisierungsmaschinerien herstellt und in die Welt bringt.

Das aphoristische Denken macht sich im Pakt mit dem Paradoxon und der Antithese – als scheinbar nur rhetorische Mittel – zu einer inhaltlichen und formellen Erschütterungsmacht des Wahrheits- und Begriffs-Denkens sondergleichen – und hält die Rolle des ungebetenen Querulanten besetzt – auch wenn ein Vertreter der bedeutenden polnischen Aphoristik dieses Zusammenspiel zu unterwandern scheint, wenn er den Aphorismus als

---

400  Ebd., S. 174.
401  Kipphoff, S. 18.
402  Vgl. Fricke, S. 2 f.
403  Ebd., S. 2.
404  Ebd., S. 3.
405  Wehe, S. 142.
406  Ebd.

„das vorletzte Glied in der Gedankenkette, dessen letztes das Paradoxon ist"[407] bezeichnet.

---

407 Nowaczynski, *Polnische Eulenspiegeleien*, S. 25.

## Anschauliches Denken in Metaphern

*„Die Metapher ist weit klüger als ihr Verfasser und so sind es viele Dinge. Alles hat seine Tiefen. Wer Augen hat der sieht (alles) in allem."*[408]

Georg Christoph Lichtenberg

Neben und vielleicht noch vor dem Paradoxon ist die Metapher als „uneigentliche Redeform"[409] des Aphorismus prädestiniert, in seiner Dauerfehde gegen die Metaphysik und Logizität der Eigentlichkeit eine kongeniale Komplizenschaft zu gewähren. Nach Quintilian entsteht die Metapher aus einem abgekürzten Vergleich, indem eine Wortgruppe aus dem einen Bedeutungszusammenhang auf einen anderen, „eigentlich" inkompatiblen, übertragen wird.[410]

Nach der aristotelischen Definition der Metapher bedeutet „metapherein" „anderswohin tragen"; „die Epiphora, die Übertragung des Wortes ist also ursprünglich an räumliche Vorstellungen gebunden."[411] Die Stilfigur der Metapher kann so im Schöpfungszusammenhang des Künstlers und Philosophen zum gelegentlichen Wiedererwecker der degenerierten logisch-begrifflichen Sprachwelt werden.

Lichtenberg fixiert: „In einer gewissen Zeitung, ich weiß nicht mehr in welcher, tut ein Rezensent einen Ausfall auf die in philosophischen Schriften heutzutage überall hergeholte Metapher wodurch sich die Verfasser das Ansehen eines tiefen Durchdenkens zu geben wüßten. Dieses ist eine mechante Art zu räsonieren, wenn sie nicht mit Beispielen belegt wird. Ich denke der Rezensent der so spricht hat einmal gelesen, daß ein Mann, den er unter sich geglaubt hat, einen Gedanken, der tiefsinniger war, als er sie selbst zu haben pflegte, gleichsam in einer Metapher die auf einmal so viel faßte als des Rezensenten ganzer Vorrat wert war weggeworfen hat, und nun weiß er sich auf keine andere Art mehr zu trösten, als daß er annimmt, seichte Denker könnten sich das Ansehen, als wären sie tiefsinnig, vermittelst Metaphern geben. Lieber hätte er sagen sollen, einem feurigen Denker sind oft die Verhältnisse, welche schwachnervige

---

408 Lichtenberg, F 369.
409 Wilpert, Stichwort *Metapher*, in: Sachwörterbuch der Literatur, S. 480.
410 Vgl. ebd.
411 Vgl. Tebartz-van Elst, S. 104.

allzu behutsame Philosophen für sehr schwer zu finden und einzusehen halten, Kinderspiel. Solche Regeln wie die obigen, wodurch man mit einem Anstand von philosophischer Gewissenhaftigkeit alle Wege verdächtig zu machen sucht, die nicht der unsrige sind, sind, soviel mir bewußt, das Mittel wodurch oft Rezensenten ihrer Seichtigkeit den Anstrich des Durchgedachten zu geben wissen. Nur noch ein paar solche Regeln gemacht, so wird Shakespear, nach ihnen gerichtet, nichts als ein witziger Metaphern-Placker, weil er vermutlich zu seinen Bemerkungen nicht durch den Weg des hypochondrischen Grübelns gekommen ist."[412]

Shakespeare gilt Lichtenberg immer wieder als Meister des Metapher-Schleuderns, einer Kunstfertigkeit, die einen höheren Erkenntniswert ermöglichen kann, „er unterscheidet sich in seinen Ausdrücken häufig dadurch von allen Schriftstellern, daß er nicht so leicht Metaphern wählt, die im Gemeinleben rezipiert sind ... sondern lieber statt dessen ein besonderes (Bild,) aus eben der Sache hergeholtes, wählt."[413]

Die neue Perspektive, die Lichtenberg auch dem Paradoxon dankt (siehe oben), macht den Nutzen der Metapher aus: „Wenn man ein altes Wort gebraucht, so geht es oft in dem Kanal nach dem Verstand den das ABC-Buch gegraben hat, eine Metapher macht sich einen neuen, und schlägt oft grad durch."[414]

Die Metapher erweist sich als der Begriffssprache vorausgehend. Lichtenberg schreibt, „unsere meisten Ausdrücke sind metaphorisch, es steckt in denselben die Philosophie unserer Vorfahren"[415], und sie gefallen, da ihre Erkenntnisse „noch warm ratifiziert"[416] werden können; „die metaphorische Sprache ist eine Art einer natürlichen Sprache, die man sich aus den willkürlichen aber bestimmten Wörtern baut."[417]

Ähnlich beschreibt Nietzsche, die Geburt des Begriffsdenkens aus dem natürlichen Bilderdenken der Metapher: „Das unbewußte Denken muß sich ohne Begriffe vollziehn: also in *Anschauungen* ... Der Philosoph bemüht sich dann, an Stelle des Bilderdenkens ein Begriffsdenken zu setzen."[418]

---

412 Lichtenberg, D 213.
413 Ebd., A 88.
414 Ebd., F 116.
415 Ebd., D 515.
416 Ebd., C 20.
417 Ebd., D 468.
418 Nietzsche, N, KSA 7, 19 (107), S. 454.

Diese Voraussetzung führten in der auch als metapherntheoretisch lesbaren Schrift *Über Wahrheit und Lüge im aussermoralischen Sinne*, die bereits im Sprach-Philosophie-Kapitel analysiert wurde, zu folgenden drei Erkenntnissen zur Metapher: Erstens ergibt die Übertragung eines Nervenreizes in ein Bild eine Metapher. Zweitens resultiert aus der Übertragung eines Bildes in einen Laut eine Metapher. Und drittens, unter diesen beiden Prämissen, ist die Übertragung innerer Formen, Empfindungen und Bilder in die Sphäre des Objektiven, die Nietzsche auch als Übergang vom Individuellen zum Allgemeinen betrachtet, metaphorisch.[419]

Damit wird auf die Mittlerstellung der Metapher zwischen Situation und Reflexion, zwischen Geist und Gefühl, zwischen Rhetorik und Poesie[420] aufmerksam gemacht, sie vermittelt einen Ur- und Schöpfungszustand mit halb paradiesischem[421] Anstrich, der beinahe an eine sprachliche „unio mystica" (siehe Lebensphilosophie-Kapitel) erinnert.

Der Abnutzungsprozeß wird schon von Lichtenberg beklagt, „unsere besten Ausdrücke werden veralten, schon manches Wort ist jetzo so niedrig, was ehmals eine kühne Metapher war."[422]

Metaphern braucht das Land. So fordert Lichtenberg Rücksicht: „Schimpft nicht auf unsere Metaphern, es ist der einzige Weg, wenn starke Züge in einer Sprache zu verbleichen anfangen, sie wieder aufzufrischen und dem Ganzen Leben und Wärme zu geben."[423]

Dieses Erwärmen und Leben wird durch das Mittel der Phantasie in der Metapher als „fremde, unlogische Macht"[424] manifestiert; Nietzsche schreibt: „Die Logik ist nur die Sklaverei in den Banden der Sprache. Diese aber hat ein unlogisches Element in sich, die Metapher usw. Die erste Kraft bewirbt ein Gleichsetzen des Ungleichen, ist also Wirkung der Phantasie. Darauf beruht die Existenz der Begriffe, Formen usw."[425]

---

419  Vgl. Nietzsche, KSA 1, ÜWL, S. 879 und Tebartz-van Elst, S. 105-106.
420  So wird die rhetorische Funktion der Metapher bei Nietzsche bevorzugt in der Schrift ÜWL thematisiert, während die poetische Funktion vornehmlich in der GdT zum Tragen kommt. Vgl. Tebartz-van Elst, S. 112 f.
421  Vgl. Neumann, *Ideenparadiese*, S. 239.
422  Lichtenberg, D 362.
423  Lichtenberg, E 274.
424  Nietzsche, KSA 1, PZG, S. 814.
425  Nietzsche, N, KSA 7, 29, (8), S. 625.

Die abgenutzten Metaphern, die durch ihre Verbreitung ihre schöpferische Kraft verloren haben, nennt Nietzsche „usuelle Metaphern"[426], und erweist damit ein Ineinanderfallen von Begriff und Metapher.

Diesen usuellen Metaphern fehlt die Substanz der „absoluten Metapher", wie sie Blumenberg formuliert. Als Ergebnis von Phantasie und Einbildungsvermögen, sind nur sie fähig, „an die Substruktur des Denkens heranzukommen, an den Untergrund, die Nährlösung der systematischen Kristallisationen"[427], ohne sich von der Begriffswelt aufzehren zu lassen.

Nietzsche schreibt: „es ist viel mehr von Bilderreihen im Gehirn als zum Denken verbraucht wird"[428], somit bliebe eine spannungsgeladene Mehrdeutigkeit an Bilderwelten bewahrt: eine Mehrdeutigkeit, die der von Lichtenberg zu Nietzsche immer weiter zunehmenden Problematisierung der Frage nach Wahrheit gerecht werden will.

Im metaphorischen Schöpfen wird „etwas als *gleich*"[429] behandelt, „was man in einem Punkte als *ähnlich* erkannt hat".[430] Was oben noch als große Schwäche des Sprachdenkens analysiert wurde, wird augenblicklich als Umwertungsversuch verstanden und von der entgegengesetzten Perspektive als kreative Bereicherung zugelassen.

Der entweihte Wahrheits-Begriff funkelt hier nochmals als verlorene Gegenwelt oder Utopie und schafft es in diesem Kraftakt, in einem gegenseitigen Korrekturprozeß zwischen der „Referenzlosigkeit" (entscheidend ist was gesagt wird) des dichterischen, intuitiven Erkennens und dem philosophisch-wissenschaftlichen, kognitiven Diskurs mit Referenz-Charakter (Referenz meint hier nach Ricoeur und Frege den Gegensatz zur immanenten Redeabsicht, also das, worüber etwas gesagt wird[431]) eine (imaginäre Ideenparadies-)Brücke zu bauen.

Innerhalb des aphoristischen Denken ist so die Metapher mit der Wiederzulassung und einem Sicheinlassen in Stimmungen, „Atmosphäre"[432] und den Mythos dafür verantwortlich, daß die bloße Verneinung der

---

426 Vgl. Nietzsche, N, KSA 7, 19 (228), S. 491.
427 Blumenberg, *Paradigmen zu einer Metaphorologie*, in: Theorie der Metapher, S. 290.
428 Nietzsche, N, KSA 7, 19 (78), S. 445.
429 Nietzsche, N, KSA 7, 19 (249), S. 498.
430 Ebd.
431 Vgl. Ricoeur, *Die Metapher und das Hauptproblem der Hermeneutik*, S. 360f.
432 Vgl Böning, *Metaphysik, Kunst und Sprache beim frühen Nietzsche*, S. 294f.

Wahrheits- und Begriffswelt in dem Paradoxon und der Antithese, wenigstens kurzfristig zu einem neuen Rationalitäts-Konzept geöffnet wird, das sich dadurch legitimiert, daß es die Lebenswirklichkeit (siehe auch Lebensphilosophie-Kapitel) berücksichtigt.

Ricoeur schreibt: „Trifft es zu, daß wörtlicher und metaphorischer Sinn sich in einer Interpretation unterscheiden und artikulieren, so wird aufgrund der Suspension der erstgradigen Bedeutung eine Bedeutung zweiten Grades, die eigentlich metaphorische, gleichfalls in einer Interpretation freigesetzt."[433]

Dieses Aufschimmern einer metaphorischen Wahrheit, wie sie auch Tebartz-van Elst[434] entwirft, ist der Teil des aphoristischen Denkens, der die Ohnmacht des aphoristischen Denkens in einem positiven Kritik-Denken aufheben will, das mit seiner visionär-mystischen Kraft kurzzeitig sein rationales Bewußtsein der mentalen Inkompetenz verdrängt.

Im folgenden soll nun anhand einer weiteren Beispielreihe die Metaphern-Zeugung der beiden Protagonisten meiner Arbeit beobachtet werden:

1) „Witz und Laune müssen, wie alle korrosive Sachen, mit Sorgfalt gebraucht werden." (Lichtenberg, B 232)
2) „Die Mythen der Physiker." (Lichtenberg, J 241)
3) „Ich kann es wohl begreifen, aber nicht *an*fassen und umgekehrt." (Lichtenberg, C 277)
4) „Mit dem Band das ihre Herzen binden sollte haben sie ihren Frieden stranguliert." (Lichtenberg, F 561)
5) „Wohin mich mein Wagen und mein Schicksal führt." (Lichtenberg, B 75)
6) „Sie ist zwar noch nicht verheiratet, hat aber promoviert." (Lichtenberg, G (2) 200)
7) „Hierher gehört was ich an einem anderen Ort gesagt habe, daß man nicht sagen sollte: ich denke, sondern *es denkt* so wie man sagt: *es blitzt*." (Lichtenberg, L (2) 806)
8) „Aus dem Blöken des Kindes ist Sprache so geworden, wie aus dem Feigenblatt ein französisches Gala-Kleid." (Lichtenberg, F 520)
9) „Die unterhaltendste Fläche auf der Erde für uns ist die vom menschlichen Gesicht." (Lichtenberg, F 88)

---

433 Ricoeur, *Die lebendige Metapher*, S 216.
434 Vgl. Tebartz-van Elst, vor allem Kapitel 5, S. 192 f.

10) „*Am hässlichsten.* – Es ist zu bezweifeln, ob ein Vielgereister irgendwo in der Welt hässlichere Gegenden gefunden hat als im menschlichen Gesicht." (Nietzsche, KSA 2, MA 1, Aph.-Nr. 320)
11) „Deutscher Geist": seit achtzehn Jahren eine contradictio in adjecto." (Nietzsche, KSA 6, GD, SP, Aph.-Nr. 23)
12) „Mitleiden wirkt an einem Menschen der Erkenntniss beinahe zum Lachen, wie zarte Hände an einem Cyklopen." (Nietzsche, KSA 5, JEN, Aph.-Nr. 171)
13) „‚*Weingeist-Autoren*' – Manche Schriftsteller sind weder Geist noch Wein, aber Weingeist: sie können in Flammen gerathen und geben dann Wärme." (Nietzsche, KSA 2, MA 2, WAN, Aph.-Nr. 101)
14) „Wie? ist der Mensch nur ein Fehlgriff Gottes? Oder Gott nur ein Fehlgriff des Menschen?" (Nietzsche, KSA 6, GD, SP, Aph.-Nr. 7)
15) „*Die Gefahr der Könige.* – Die Demokratie hat es in der Hand, ohne alle Gewaltmittel, nur durch einen stätig geübten gesetzmässigen Druck, das König- und Kaisertum *hohl* zu machen: bis eine Null übrigbleibt, vielleicht, wenn man *will*, mit der Bedeutung jeder Null, daß sie an sich Nichts, doch an die rechte Seite gestellt, die *Wirkung* verzehnfacht." (Nietzsche, KSA 2, MA 2, WAN, Aph.-Nr. 281)
16) „*Singvögel.* – Die Anhänger eines grossen Mannes pflegen sich zu blenden, um sein Lob besser singen zu können." (Nietzsche, KSA 2, MA 2, VMS, Aph.-Nr. 390)
17) „*Moral für Häuserbauer.* – Man muss die Gerüste wegnehmen, wenn das Haus gebaut ist." (Nietzsche, KSA 2, MA 2, WAN, Aph.-Nr. 335)
18) „*Seufzer.* – Ich erhaschte diese Einsicht unterwegs und nahm rasch die nächsten schlechten Worte, sie festzumachen, damit sie mir nicht wieder davon fliege. Und nun ist sie mir an diesen dürren Worten gestorben und hängt und schlottert in ihnen – und ich weiss kaum mehr, wenn ich sie ansehe, wie ich ein solches Glück haben konnte, als ich diesen Vogel fieng." (Nietzsche, KSA 3, FW, Aph.-Nr. 298)
19) Seine dreihundert Vordergründe sich bewahren; auch die schwarze Brille: denn es giebt Fälle, wo uns niemand in die Augen, noch weniger in unsre ‚Gründe' sehn darf." (Nietzsche, KSA 5, JEN, Aph.-Nr. 284)
20) „Die Welt ist das *Spiel* des Zeus." (Nietzsche, KSA 1, PZG, S. 828 und damit einziges Beispiel aus einem längeren Kontext)

In diesen Beispielen entspricht die Metapher annähernd adäquat den philosophischen Prämissen aus dem ersten Teil der Arbeit, Ideenexperimente und Wiederbelebungsversuche der Sprache legen den Schwerpunkt eher auf den sprachschöpferischen Teil der Aphoristik, während das Paradoxon den sprachzerstörenden Teil prononciert. Zumindest auf den ersten Blick. Auf den zweiten Blick[435] fällt auf, daß einige Aphorismen dem Leser aus anderen Beispielreihen, auch aus der Paradoxon-Reihe, bekannt vorkommen.

Beim Paradoxon entsteht die Schnittstelle eher zwischen dem Besonderen im Allgemeinen und dem Allgemeinen im Besonderen, hier bevorzugt zwischen dem Gleichen und dem Ähnlichen.

In der lebendigen Metapher bleibt die Differenz zwischen Gleichsetzung und Ähnlichkeit bestehen, in den Beispielen 20 („Die Welt ist das *Spiel* des Zeus") oder 2 („Die Mythen der Physiker") wird der Anschein erweckt, daß es sich hierbei um eine formale Gleichheit handelt (im ersten Beispiel verstärkt Nietzsche noch durch die Kopula „ist", Lichtenberg verzichtet selbst hierauf noch), die semantische Gleichheit ist jedoch zerstört und auf dieser Ebene wird somit die übliche schematische Prädikation außer Kraft gesetzt und zu einer widersprüchlichen Prädikation: „Das ‚ist' im synthetischen Urtheil ist falsch, es enthält eine Übertragung, zwei verschiedene Sphären werden neben einander gestellt, zwischen denen nie eine Gleichung stattfinden kann."[436] Das Nebeneinander, das in der diskursiven Sprachwelt verdrängt ist vom künstlichen Nacheinander, wird durch Paradoxon und Metapher wieder ermöglicht.

Nietzsche schreibt zu dieser Erkenntnisproblematik: *„Der Ursprung unseres Begriffs ‚Erkenntniss'.* – Ich nehme diese Erkenntniss von der Gasse; ich hörte Jemanden aus dem Volke sagen ‚er hat mich erkannt' –: dabei fragte ich mich: was versteht eigentlich das Volk unter Erkenntniss? was will es, wenn es ‚Erkenntniss' will? Nichts weiter als dies: etwas Fremdes soll auf etwas *Bekanntes* zurückgeführt werden. Und wir Philosophen – haben unter Erkenntniss eigentlich *mehr* verstanden? ... Das Bekannte ist das Gewohnte; und das Gewohnte ist am schwersten zu ‚erkennen', das heisst als Problem zu sehen, das heisst als fremd, als fern, als ‚ausser uns' zu sehen."[437]

---

435 Vgl. Stern, S. 246.
436 Nietzsche, N, KSA 7, 19 (242), S. 495-496.
437 Nietzsche, KSA 3, FW, Aph. Nr. 355.

Und an anderer Stelle: „Das *Erkennen* ist nur ein Arbeiten in den beliebtesten Metaphern, also ein nicht mehr als Nachahmung empfundenes Nachahmen. Es kann also natürlich nicht ins Reich der Wahrheit eindringen."[438]

Das Metapherndenken des Aphoristikers ist dabei so selbstreflexiv, daß Müller eine Gegenüberstellung von (herkömmlicher) Metapher und Aphorismus für notwendig hält. An dem Beispiel „Die Wiese lacht", daß er unserem „Die Mythen der Physiker" entgegensetzt, behauptet Müller die vielschichtigere Basis des Aphorismus, dessen problematisierende Wertung und dessen Fähigkeit zur Einsamkeit, das heißt seine Isolierbarkeit, und seine Angewiesenheit auf den Rezipienten, als größte Abgrenzungen zur Metapher.[439]

Wenn Lichtenberg differenziert und gattungsbewußt formuliert: „der Schriftsteller gibt der Metapher den Leib, aber der Leser die Seele"[440], dann bietet er der Metapher die Hand des Aphoristikers, und die Metapher, die Lichtenberg meint, ist eine problembewußte Metapher, die sich zwischen Bildlichkeit und Begrifflichkeit als kühne, als absolute und als lebendige Metapher zu erkennen gibt. Weinrich will diese Kühnheit der Metapher „in der geringen Bildspanne, die uns zur Wahrnehmung der Widersprüchlichkeit zwingt"[441] begreifen. In der Frage nach der Bildspanne wird das scheinbar übergeordnete tertium comparationis problematisiert, denn anders als die alte Metaphernlehre glauben machen wollte, stiftet die Metapher als demiurgisches Werkzeug Analogien, es werden keine wirklichen Gemeinsamkeiten abgebildet.[442]

Friedrich formuliert: „Die moderne Metapher aber verflüchtigt oder vernichtet die Analogie, spricht nicht ein Zueinandergehören aus, sondern zwingt das Auseinanderstrebende zusammen."[443]

Sie nähert sich so dem poetischen oder relativen Paradoxon. Hier wie da werden die extremen Ausformungen von reinerer bildlicher Metapher (zum Beispiel: „Die Wiese lacht") und strengerem logischem Paradoxon

---

438 Nietzsche, KSA 7, 19 (228), S. 491.
439 Müller, S. 84f. Hier wäre einer der vielen Ansatzpunkte, um näher auf die Verwandtschaft des Aphorismus zu verschiedenen lyrischen Formen einzugehen – allein der Rahmen der Arbeit läßt dies nicht zu.
440 Lichtenberg, F 375.
441 Weinrich, *Semantik der kühnen Metapher*, in: Theorie der Metapher, S. 335.
442 Vgl. ebd., S. 331.
443 Friedrich, zitiert nach Weinrich, S. 318.

(zum Beispiel: „Epimenides, der Kreter, sagt: Alle Kreter lügen immer" bis hin zu logischen Antinomien[444]) aufgegeben, und eine Annäherung initiiert; „die Übergänge zwischen Metapher und Begriff (besser Paradoxon als Gegen-Begriff, Anm. A.E.) sind fließend."[445]

Der alte Dualismus von wissenschaftlich-diskursiver Sprache und intuitiv-poetischer fällt unter ästhetischen Vorzeichen in sich zusammen, Wissenschaften und Künste sind „Modi der Entdeckung, Erschaffung und Erweiterung des Wissens"[446], gerade auch in der Anerkennung seiner Hindernisse und Unbestimmtheiten, „denn was Literatur und Philosophie miteinander in Verbindung setzt, ist ... ihr gemeinsamer Mangel an Identität oder Bestimmtheit."[447]

Die Philosophie und das in ihr gerechtfertigte metaphorische Denken wird bei Nietzsche zum Überwinder des alten Schismas: „Es giebt *keine aparte Philosophie, getrennt von der Wissenschaft: dort wie hier wird gleich gedacht.*"[448]

Damit wird das aphoristische Denken schon lange vor der Geburt der Linguistik und dem linguistic turn mit der Erkenntnis von der „Willkürlichkeit des Zeichens"[449] im Verbund mit dem poetischen Paradoxon und der kühnen Metapher als deren wichtigste Bausteine zu einem widerstimmigen Einspruch, einer gezielten Abweichung erkoren, die den Dualismus von poetischer und wissenschaftlicher Sprache revolutioniert.

Hierin wird zudem eine Analogie von linguistischem Paradigma und rhetorischer Topik offensichtlich, die Weinrich in ein „linguistisches Wortfeld" und ein „metaphorisches Bildfeld" überführt[450] und womit er den Bruch der Linguistik mit der Rhetorik, der Semantik mit der Semiotik, ähnlich wie Ricoeur, relativiert und vermittelt.

Die Metapher steht so im interpretatorischen Spannungsfeld zwischen Sprachanalyse, Strukturalismus und Hermeneutik, die als „alternative An-

---

444 Vgl. Sommaruga-Rosolemos, *Paradoxien der modernen Logik*, in: Das Paradox – Eine Herausforderung des abendländischen Denkens, S. 105 f.
445 Häntzschel-Schlotke, S. 150.
446 Schöffel, *Denken in Metaphern – Zur Logik sprachlicher Bilder*, S. 109.
447 Man, *Epistemologie der Metapher*, in: Theorie der Metapher, S. 437.
448 Nietzsche, N, KSA 7, 19 (76), S. 444.
449 Blondel faßt so die strukturalistische französische Nietzsche-Rezeption zusammen, vgl. Blondel, *Vom Nutzen und Nachteil der Sprache für das Verständnis Nietzsches – Nietzsche und der französische Strukturalismus*, in: Nietzsche-Studien, 10/11, S. 525.
450 Vgl. Haverkamp, *Einleitung*, in: Theorie der Metapher, S. 20.

sätze unvereinbar"[451] bleiben und verweigert wie das Paradoxon eine einseitige Vereinahmung als bloße rhetorische Figur.

Die vermeintliche „immanente Geschichtlichkeit"[452] der Aphoristik macht sich in der Metaphorik als Kampffeld zwischen rhetorisch überliefertem Bedeutungsstrang und der Polysemie – als Sprachwandel – sichtbar, und nutzt die (Fehl-)Entwicklungen der Sprachverschiebungen zwischen Alltagssprache und Spezialistensprache (so werden die meisten naturwissenschaftlichen Forschungsergebnisse in der Einheitssprache Englisch und solchen international verblaßten Begriffs-Metaphern wie Struktur, Prozeß, Krise oder System drangsaliert) schöpferisch und kritisch als gattungskonstituierend.

---

451  Ebd., S. 2.
452  Vgl. Welser, S. 254 f.

## Pointe und Witz – überraschende Wendungen und schnelle Assoziationen als (Vor-)Schluß

*„Witz. – Der Witz ist das Epigramm auf den Tod eines Gefühls."*[453]
Friedrich Nietzsche

Sämtliche Formen des Aphorismus lassen sich unter der Perspektive der (Schluß-)Pointe und des Witzes sammeln. Wieder einmal geht der ausgewählte Geschmack des Sonderlings Aphorismus eine Beziehung mit einem anderen „Stiefkind literaturwissenschaftlicher Theoriebildung"[454] ein, nämlich der Pointe (die anders als der Witz nicht unbedingt immer komisch sein muß) – eine Beziehung, die sich für beide Außenseiter als durchaus fruchtbar erweist.

Bereits Wolff erläuterte das „ingenium" (lateinisch für Witz) als Kombinationsgabe aus „Scharfsinn" (acumen), „Gedächtnis" (memoria) und „Einbildungskraft" (imaginatio)[455], diese ältere Bedeutung von Witz, die im späteren Sprachgebrauch von Genie (ingenium) ersetzt wurde, ist vor allem bei Lichtenberg und selbst bei Nietzsche, so auch in dem vorangestellten Motto dieses Kapitels, noch präsent.

Die abgewertete Bedeutung von Witz als oberflächlich setzt mit den Schweizer Ästhetikern Bodmer und Breittinger an[456], denen Lessing „Unfähigkeit zur witzigen Kreativität"[457] vorhielt, setzt sich aber erst nach und nach bis zu der trivialen semantischen Degradierung innerhalb des heutigen Zeit-„Geist"-Verständnisses durch.

Bei Lichtenberg und in der Erkenntnistheorie der Aufklärung gibt es dennoch bereits den tendenziellen Dualismus der Erkenntnismöglichkeiten zwischen Scharfsinn und Witz, dessen Versöhnungs- und Ergänzungsop-

---

[453] Nietzsche, KSA 2, MA 2, VMS, Aph.-Nr. 202. Lichtenberg schreibt (E 442), wenn man so will, vorab kommentierend, zu diesem Aphorismus: „Der Mann geht zu weit, aber tue ich das nicht auch? Er hört sich gern in seinem Enthusiasmus. Höre ich mich nicht gerne mit meinem Witz? oder in meiner kaltblütigen Verachtung alles dessen was aus Empfindung getan wird?"
[454] Wenzel, *Von der Struktur des Witzes zum Witz der Struktur*, S. 10.
[455] Vgl. Best, *Der Witz als Erkenntniskraft und Formprinzip*, S. 132.
[456] Vgl. Best, S. 31 f.
[457] Ebd.

tionen jedoch im Dichter und Philosophen realisiert werden können, wenn Einbildungskraft und Urteilskraft zusammenspielen.[458]

Lichtenberg schreibt: „Wenn Scharfsinn ein Vergrößerungs-Glas ist, so ist der Witz ein Verkleinerungs-Glas. Glaubt ihr denn, daß sich bloß Entdeckungen mit Vergrößerungs-Gläsern machen ließen? Ich glaube mit Verkleinerungsgläsern, oder wenigstens durch ähnliche Instrumente in der Intellektual-Welt sind wohl mehr Entdeckungen gemacht worden."[459]

Wieder einmal ist es allein die Perspektive und die Einstellung, die das Verhältnis von Verkleinerung und Vergrößerung, Verallgemeinerung und Besonderung, Scharfsinn und Witz, Logik und Phantasie bestimmt – und eigentlich setzt mit Lichtenberg eine Umwertung zugunsten der Phantasie- und Witz-Kräfte an, die von den Frühromantikern als Aphoristikern nochmals verschärft, und von Nietzsche gefestigt wird.

Das Vermögen Ähnlichkeiten im Verschiedenen aufzufinden wird bei Lichtenberg zum bestimmenden Formprinzip des Witzes: „Ohne Witz wäre eigentlich der Mensch gar nichts, denn Ähnlichkeit in den Umständen ist ja alles, was uns zur wissenschaftlichen Erkenntnis bringt, wir können ja bloß nach Ähnlichkeiten ordnen und behalten."[460]

Und an anderer Stelle: „Relationen und Ähnlichkeiten zwischen Dingen zu finden, die sonst niemand sucht. Auf diese Weise kann Witz zu Erfindungen leiten. Die Ähnlichkeiten liegen nicht in (den) Dingen; vor Gott gibt es keine Ähnlichkeiten. Hieraus folgt freilich der Schluß, daß je vollkommener der Verstand ist, desto geringer ist der Witz, oder es muß Seelen-Einrichtungen geben, die so gespannt werden können wie manche Waagen (wieder Witz), daß man sie so wohl zum Genau- als Roherwiegen gebrauchen kann."[461]

Lichtenberg beschreibt den Witz als eine Gabe, „den rohen Vorrat von Begriffen in einem Kopf unter Klassen zu bringen und mit dem groben Band einer Ähnlichkeit zwei und zwei immer zusammenzukuppeln."[462]

Die Vorbehalte gegenüber dem Witz basieren also bei Lichtenberg wiederum auf seinen sprachskeptischen Einsichten, die es verneinen, blo-

---

458 Vgl. Best, S. 24 f. Er diskutiert (im Kapitel Wortfeld und Wortgeschichte) einen Überblick über die semantische Besetzung des Wortes innerhalb der Aufklärung von Wolff über Baumgarten zu Gottsched und Lichtenberg.
459 Lichtenberg, D 469.
460 Ebd., J 959.
461 Ebd., Goldpapierheft (2) 86.
462 Ebd., B 102.

ße Ähnlichkeit als Gleichheit auszugeben, deshalb wird von Lichtenberg eine Prüfung des Witzes durch die Reflexion angemahnt. So heißt es programmatisch bei Lichtenberg: „Der Witz ist der *Finder* (Finder) und der Verstand der Beobachter."[463]

Schon Kant schreibt: „Der Einfall ist der Anfang des Nachdenkens, allein der Einfall geht vor; die Phantasie rührt zwar als Einfall am meisten, aber muß gleichwohl die Probe des Nachsinnens und der Überlegung aushalten."[464]

Lichtenberg fixiert weiterhin: „Der Witz hascht näher oder ferner vom Ende einer Ähnlichkeit, und der Verstand prüft sie und findet sie richtig, *das ist Erfindung.*"[465] Diese Ähnlichkeit muß dann auch relativ neu sein, vergleichbar mit dem Paradoxon und der Metapher, denn „eine gute Bemerkung über das sehr Bekannte ist es eigentlich was den wahren Witz ausmacht."[466] Und auch in der Gefahr der Abstumpfung gibt es Analogien zwischen Witz und Metapher: „Der Witz (wird) mit den Jahren stumpf, andere Erkenntnisse bleiben."[467]

Der gelungene Witz („Es ist mit Witz wie mit der Musik, je mehr man hört, desto feinere Verhältnisse verlangt man"[468]), „der wahre Witz weiß ganz von der Sache entfernte Dinge so zu seinem Vorteil zu nutzen, daß der Leser denken muß, der Schriftsteller habe sich nicht nach der Sache, sondern die Sache nach ihm gerichtet."[469] Dem gekünstelten Witz steht Lichtenberg ablehnend gegenüber: „Die Menschen haben immer Witz genug, wenn sie nur keinen haben *wollen.*"[470] Einem schwachen Vater von Witz-Kinder ruft er an: „Da steht er, wie Niobe, unter den Kindern seines Witzes, und muß sehen, wie ihm Apoll eines nach dem andern über den Haufen schießt."[471]

Und außerdem: „Es ist ein Fehler, den der bloß witzige Schriftsteller mit dem ganz schlechten gemein hat, daß er gemeiniglich seinen Gegen-

---

463 Lichtenberg, J (2) 1620.
464 Kant, *Anthropologie in pragmatischer Hinsicht*, in: Schriften zur Anthropologie, Geschichtsphilosophie, Politik und Pädagogik, in: Werkausgabe, Band 11, S. 205.
465 Lichtenberg, F 1195.
466 Lichtenberg, K (2) 200.
467 Ebd., D 349.
468 Ebd., D 223.
469 Ebd., H (2) 77.
470 Ebd., G (2) 28.
471 Ebd., G (2) 149.

stand eigentlich nicht erleuchtet, sondern ihn nur dazu braucht sich selbst zu zeigen."[472]

Während bei Nietzsche Witz und Esprit als Voraussetzungen seiner Prosa und seines Denkens unzweifelhaft sind, kommt diese Problematik kaum zur Sprache. Die Bedeutungswendung des Stammwortes ingenium von Witz zu Genie gibt sich deutlich zu erkennen. An dieser Stelle wird dennoch verzichtet, Nietzsches Geniephilosophie gesondert darzustellen.

Der Witz wird Nietzsche, wenn er ihn als Begriff namhaft macht, zum „Ausdruck von Verfeinerung"[473], wenn er so schreibt: „*Witz.* – Die witzigsten Autoren erzeugen das kaum bemerkbarste Lächeln".[474] Ein Lächeln, das man sich kontrastierend zum lauteren (auch unschuldigeren) Lachen denken kann.

In einem anderen Aphorismus von Nietzsche heißt es so zum vermeintlich primitiven Lachen: „*Freude am Unsinn.* – Wie kann der Mensch Freude am Unsinn haben? So weit nämlich auf der Welt gelacht wird, ist diess der Fall; ja man kann sagen, fast überall wo es Glück giebt, giebt es Freude am Unsinn. Das Umwerfen der Erfahrung in's Gegentheil, des Zweckmässigen in's Zwecklose, des Nothwendigen in's Beliebige, doch so, daß dieser Vorgang keinen Schaden macht und nur einmal aus Uebermuth vorgestellt wird, ergötzt, denn es befreit uns momentan von dem Zwange des Nothwendigen, Zweckmässigen und Erfahrungsgemässen, in denen wir für gewöhnlich unsere unerbittlichen Herren sehen; wir spielen und lachen dann, wenn das Erwartete (das gewöhnlich bange macht und spannt) sich, ohne zu schädigen, entladet. Es ist die Freude der Sclaven am Saturnalienfeste."[475]

Zur „Herkunft des Komischen"[476] schreibt Nietzsche: „Wenn man erwägt, daß der Mensch manche hunderttausend Jahre lang ein im höchsten Grade der Furcht zugängliches Thier war und daß alles Plötzliche, Unerwartete ihn kampfbereit, vielleicht todesbereit sein hiess, ja daß selbst später, in socialen Verhältnissen, alle Sicherheit auf dem Erwarteten, auf dem Herkommen in Meinung und Thätigkeit beruhte, so darf man sich nicht wundern, daß bei allem Plötzlichen, Unerwarteten in Wort und That, wenn es ohne Gefahr und Schaden hereinbricht, der Mensch ausgelassen

---

472  Ebd., B 310.
473  Vgl. Best, S. 104. Er überschreibt sein kurzes Nietzsche-Kapitel so.
474  Nietzsche, KSA 2, MA 1, Aph.-Nr. 186.
475  Ebd., Aph.-Nr. 213.
476  Ebd., Aph.-Nr. 169.

wird, in's Gegentheil der Furcht übergeht: das vor Angst zitternde, zusammengekrümmte Wesen schnellt empor, entfaltet sich weit, – der Mensch lacht. Diesen Uebergang aus momentaner Angst in kurz dauernden Uebermuth nennt man das *Komische*.[477]

Kuno Fischer bemerkt: „Was noch nie vereint war, ist mit einemmale verbunden, und in demselbem Augenblick, wo uns dieser Widerspruch noch frappirt, überrascht uns schon die sinnvolle Erleuchtung. Es ist ein Punkt, in welchem jene einander fremden und widerstreitenden Vorstellungen unmittelbar zusammentreffen und sich in dem Urteile vereinigen. Hier hat der Witz seine Kraft und Wirkung. Es ist der Augenblick seiner Vollziehung. Dieser Punkt des Zusammentreffens ist der Treffer im Witz, die Spitze desselben, die *Pointe*."[478]

Nietzsche erweist sich, wie Lichtenberg, als ein Meister dieser Technik, wie die letzte Beispielreihe nochmals unterstreichen wird:

1) „Witz und Laune müssen, wie alle korrosive Sachen, mit Sorgfalt gebraucht werden." (Lichtenberg, B 232)
2) „Das Wahrheitsgefühl." (Lichtenberg, J 439)
3) „Ihr Unterrock war rot und blau sehr breit gestreift und sah aus, als wenn er aus einem Theater-Vorhang gemacht wäre. Ich hätte für den ersten Platz viel gegeben, aber es wurde nicht gespielt." (Lichtenberg, B 216)
4) „Wie hat es Ihnen in dieser Gesellschaft gefallen? Antwort Sehr wohl, beinah so sehr als auf meiner Dachkammer." (Lichtenberg, B 266)
5) „Wie gehts, sagte ein Blinder zu einem Lahmen. Wie sie sehen, antwortete der Lahme." (Lichtenberg, E 385)
6) „Das Huren – Lied Salomonis" (Lichtenberg, J 110)
7) „Der Revolter – Pessimismus" (Nietzsche, KSA 13, 11 (158), S. 75)
8) „*Lachen*. – Lachen heißt: schadenfroh sein, aber mit gutem Gewissen." (Nietzsche, KSA 3, FW, Aph.-Nr. 200)
9) „*Der Denker*. – Er ist ein Denker: das heisst er versteht sich darauf, die Dinge einfacher zu nehmen als sie sind." (Nietzsche, KSA 3, FW, Aph.-Nr. 189)

---

477 Ebd.
478 Fischer, zitiert nach Gabriel, *Ästhetischer „Witz" und logischer „Scharfsinn"*, S. 9.

10) „Allen rechten Frauen geht Wissenschaft wider die Scham. Es ist ihnen dabei zu Muthe, als ob man damit ihnen unter die Haut, – schlimmer noch? unter Kleid und Putz gucken wolle." (Nietzsche, KSA 5, JEN, Aph.-Nr. 127)

11) „*Bedenklich.* – Einen Glauben annehmen, blos weil er Sitte ist, – das heisst doch: unredlich sein, feige sein, faul sein? – Und so wären Unredlichkeit, Feigheit und Faulheit die Voraussetzungen der Sittlichkeit?" (Nietzsche, KSA 3, M, Aph.-Nr. 101)

12) „*Lucas 18,14 verbessert.* – Wer sich selbst erniedrigt, will erhöhet werden. (Nietzsche, KSA 2, MA 1, Aph.-Nr. 87)

Die bereits aus anderen Beispielreihen bekannten Aphorismen (1,2,7 und 8) bestätigen die oben vorweggenommene These, daß sich alle verschiedenen Varianten der Spielart Aphorismus – also auch die beiden wichtigsten: Paradoxon und Metapher – unter dieser Technik der Pointe versammeln lassen.

Wenzel gelingt es in seiner Arbeit, das Merkmal der Pointe und seine Beziehung zum Begriffsspiel unter semiotischen Vorzeichen zu entwikkeln[479], die für unsere Untersuchung der Gattung Aphorismus gewinnbringend sind. In ihrer knappsten Form („Das Wahrheitsgefühl" oder „Der Revolter-Pessimismus") erweist sich die Pointe als Begriffsdissoziation oder Begriffskonsoziation, die den statischen Begriff der Bisoziation ablöst.[480]

Unter einer Dissoziation als einfachsten Fall versteht Wenzel den „Effekt, der aus der Aufspaltung eines Wortes in zwei verschiedene, fast gleichzeitig aktualisierte Bedeutungen resultiert."[481] Mit der Konsoziation (dieser Variante sind die meisten Kürzesttexte der Aphoristiker zuzuordnen) erklärt Wenzel demgegenüber die plötzliche Herstellung eines Bedeutungszusammenhangs aus Ähnlichkeiten im Verschiedenen, um „im Disparaten, Heterogenen, Inkommensurablen das Ähnliche, das Entspre-

---

479 Wenzel, *Von der Struktur des Witzes zum Witz der Struktur* (S. 27 f. und S. 65) dient dabei als Ausgangspunkt das triadische Zeichenmodell von Morris, das die Zeichensemantik (Beziehung zwischen Zeichen und bezeichneten Sachen), die Zeichensyntaktik (Beziehung der Zeichen zueinander), und die Zeichenpragmatik (Beziehung zwischen Zeichen und Interpreten) beinhaltet. Die Vorteile dieses Modells sieht Wenzel in seiner Integrationskraft.
480 Vgl. Wenzel, S. 30.
481 Vgl. ebd., S. 31.

chende, das Verwandte aufzuspüren, Kontrastwelten zur Deckung zu bringen".[482]

Bei noch komplexeren Pointen-Gebilden führt Wenzel die Termini Bezugsrahmendurchbrechung und Bezugsrahmenwechsel ein, die dann auch die obigen Termini der Konsoziation und Dissoziation in sich aufnehmen. Die Rezeptionsabhängigkeit der Pointe, worin der Aphorismus der Pointe sehr verwandt ist, und die Interaktion zwischen Wahrnehmung und Erwartung spielen hierbei die Hauptrolle.

Die Technik Nietzsches, eine Überschrift dem Aphorismus voranzustellen[483], eine Erwartung und Exposition zu schaffen, die prompt konterkariert wird (so in den Beispielen 8, 9, 11), kommt dabei der Pointenbildung in höchstem Maße zugute. In einem Brief an seine Schwester formuliert er, „für mich selber geht es erst immer mit den Gedankenstrichen los."[484]

Dabei können bei der Pointe, wie bei dem Aphorismus, alle rhetorischen Mittel in einem stilistischen Pluralismus (siehe Einleitung) zum Einsatz kommen: „Weil sich die den oben eingeführten Modellen zugrundeliegenden Techniken der Dissoziation, Konsoziation und des Bezugsrahmenwechsels – bei Verbindung mit Elementen, die nicht so radikal voneinander verschieden sind wie die zwei Bedeutungsebenen eines Witzes – auch etwa zur Erzeugung von Metaphern und ähnlichen rhetorischen Mitteln verwenden lassen, erscheint auch die Umkehrung dieser Tatsache plausibel, nämlich daß letztlich alle Formen semantischer Deviation für die Pointierung in Frage kommen."[485]

Der „Freier" Witz enttäuscht die Leseerwartung seines Rezipienten, er ist ein Grenzüberschreiter, der Isotopien aufsprengt[486] und neue Wege neben den ausgetretenen Alltagspfaden der Sprache eröffnet. Seine überraschenden Sprünge und Wendungen haben den philosophischen Anspruch, die Sprache durch schnelle Assoziationen und Neubildung von Analogie-

---

482  Preisendanz, *Über den Witz*, S. 12.
483  Damit knüpft Nietzsche übrigens an die alte Tradition des eher politischen Aphorismus von Tacitus, Perez oder Gracian an. Vgl. Neumann, *Ideenparadiese*, S. 49 f.
484  Nietzsche, aus einem Brief vom 20. 5. 1885, KGA, Abteilung Drei (3), S. 53.
485  Wenzel, S. 45.
486  Vgl. Jacobson, *Der Doppelcharakter der Sprache und die Polarität zwischen Metapher und Metonymik*, in: Theorie der Metapher, S. 163 f.

schlüssen zu parodieren (im umfassenden Sinne Krügers, im engeren in den Beispielaphorismen 6 und 12, wo Bibelsprüche vorausgesetzt werden, um sie zu parodieren) und die ironischen Voraussetzungen als ein nur noch An-der-Sprache-, nicht mehr In-der-Sprache-sein zu berücksichtigen.

Best schreibt: „diese ‚Gegensinnigkeit' genannte Möglichkeit, durch sprachlichen Ausdruck in verschiedener Richtung auf etwas gebracht zu werden, ist die Voraussetzung dafür, daß der witzige ‚Einbruch' zum ‚Zusammenbruch eines Erfahrungsmusters' (‚collapse of the pattern of experience') führt, wie Max Eastman einmal schrieb."[487]

Insofern ist die Pointe der Störenfried, der auch der Aphorismus ist. „Der Einfall bestätigt sich als Einbruch"[488] in etablierte Denkordnungen. Die Technik der Pointe wird so zu einem wirklichen Ärgernis, das sehr wohl, anders als es Nietzsche für das nur Komische reklamiert (siehe oben, KSA 2, MA 1, Aph.-Nr. 169), Gefahr und Schaden mit in sich aufnimmt und ausstrahlt.

Die Pointe hat damit die vitale Unschuld des Lachens in einer feinen, differenzierten, aber auch übersensiblen und neurotischen Geistigkeit des Lächelns verloren, die den „traumatisierten" Aphorismus ansprechen muß.

Insofern ist, wie Freud formuliert, der neurotische (aphoristische) Mensch besonders zur Witzarbeit prädestiniert[489], die Freud in ein Verhältnis zur Traumarbeit setzt.

Im Gegensatz zum Traum sei die Witzarbeit die sozialste von den auf Lustgewinn zielenden seelischen Leistungen ein entwickeltes Spiel statt wie der Traum ein unkenntlich gemachter Wunsch.

Traum- und Witzarbeit erreichen ihre Ziel, die Befreiung von Hemmungen durch Verdichtungen, der Witz zielt auf den Abbau von Verdrängungsaufwand, der Traum zielt auf Unlustersparnis.[490]

Die Witzarbeit ist somit ein „vortrefflicher Weg"[491], um den psychischen Vorgängen Lust abzugewinnen, um wie der Aphorismus in einem utopisch zu gewinnenden Ideenparadies die Last der Ohnmacht augen-

---

487 Best, S. 136.
488 Ebd., S. 140.
489 Vgl. Freud, *Der Witz und seine Beziehung zum Unbewußten*, in: Gesammelte Werke, Band 6, in dem Kapitel: Die Motive des Witzes – Der Witz als sozialer Vorgang, S. 156 f.
490 Vgl. ebd. und Best, S. 119 f.
491 Ebd., S. 157.

blicklich abzuwerfen, ohne deren Regenerations-Potential zu unterschätzen – der Aphorismus wäre dann, frei nach Freud, doch (re-)sozialisierbar, ob man sich allerdings einen Aphorismus, einen Aphoristiker, ohne Neurosen vorstellen kann, bleibt fraglich.

Die Therapiefähigkeit des Aphorismus und der Übergang in Freuds normales Unglück ist nämlich nicht einmal immer wünschenswert – bei Lacan ist dann in einem Stadium der Umgewertetheit sogar – seine Berufung auf Freud ist nicht immer nachvollziehbar – jeder Diskurs eine Aneinanderreihung von Denkfehlern, in der die Begriffssprache als unverantwortlicher Züchtiger und Manipulierer die Sprachbildung vereinnahmt: innerhalb Lacans neuer Perspektive wird der Witz als Vehikel der „Wahrheit" der „symbolischen Ordnung der Lüge"[492], also dem vorherrschenden Wahrheitsbegriff, als „Hoffnungsträger" entgegengesetzt.

Hiermit wird auch der oberflächliche Psychologismus-Vorwurf von Fricke[493] abermals ad absurdum geführt, denn das aphoristische Denken ist die psychologisch-philosophische Gattung schlechthin, die nicht müde wird einzusprechen, und deren Vertreter als maskierte Anarchisten in den (Sprach-)Wüsten des Konformismus, sich von keinen methodologischen, strukturalistischen, systematisierenden und wie auch immer gearteten Vereinnahmungsversuchen blenden lassen.

Die aus diesen unlösbar-ungelösten Konflikten resultierenden individualisierenden Neurosen der Aphoristiker sprechen nur für ihre Unbestechlichkeit und ihr denkerisches Pathos, das die Stärke besitzt, seine eigenen Kräfte zu überschätzen – „das Leben, das sich entlief"[494] – der bewußt auszutragende unversöhnliche Gegensatz zwischen Leben, Denken und Fühlen machen den Aphoristiker zum melancholisch-neurotischen Partisanen[495], dessen Selbstreflexion, den Aufklärer im Aphoristiker über sich selbst bis zur Tragödie des Erkennenden aufklärt, der alle Autoritäten und vermeintlichen Lebensparadiese hinterfragt, die meisten zerstört und sich nach neuerlichen Sündenfallen der kopernikanischen Umstürze, der Ohnmacht der Verlorenheit als Preis der Autonomie hingibt, ohne *trotzdem* alle lebensnotwendigen, versucherischen, zu gewinnenden und realen Ideenparadiese preiszugeben."[496]

---

492 Vgl. Best, S. 137.
493 Vgl. Fricke, *Aphorismus*, S. 3 f.
494 Schweppenhäuser, *Verbotene Frucht – Aphorismen und Fragmente*, S. 206.
495 Vgl. Welser, S. 262.
496 Vgl. Neumann, *Ideenparadiese*, S. 826 f.

## Literaturverzeichnis

Adorno, Theodor W., *Minima Moralia – Reflexionen aus dem beschädigten Leben*, Frankfurt 1951.
Arntzen, Helmut, *Literatur im Zeitalter der Information*, Frankfurt 1971.
Albert, Karl, *Lebensphilosophie*, Freiburg, München 1995.
Asemissen, Hermann U., *Notizen über den Aphorismus*, in: Der Aphorismus – Zur Geschichte, zu den Formen und Möglichkeiten einer literarischen Gattung (im folgenden: Der Aphorismus), hrsg. von Gerhard Neumann, Darmstadt 1976.
Bacon, Francis, *The advancement of Learning*, ausgewählt und hrsg. von H. G. Dick, New York 1955.
Bäumer, Max L., *Das Dionysische in den Werken Wilhelm Heinses*, Bonn 1964.
Baumgarten, Alexander G., *Theoretische Ästhetik*, lat./deut., übersetzt, ausgewählt aus Auszügen der *Aesthetica* (zuerst 1750/1758) und hrsg. von Hans R. Schweizer, Hamburg 1988.
Behrendsohn, Walter A., *Stil und Form der Aphorismen Lichtenbergs – Ein Baustein zur Geschichte des deutschen Aphorismus*, Kiel 1912.
Benn, Gottfried, *Nietzsche – nach 50 Jahren*, in: Gesammelte Werke, hrsg. von Dieter Wellershoff, Band 1, Wiesbaden 1962.
Bertram, Ernst, *Georg Christoph Lichtenberg*, zuerst 1919, in: Dichtung als Zeugnis – Frühe Bonner Studien zur Literatur, hrsg. von Ralph R. Wuthenow, Bonn 1967.
Best, Otto F., *Der Witz als Erkenntniskraft und Formprinzip*, Darmstadt 1989.
Besser, Kurt, *Die Problematik der aphoristischen Form bei Lichtenberg, Schlegel, Novalis und Nietzsche*, Leipzig 1935.
Bindschedler, Maria, *Nietzsche und die poetische Lüge*, Basel 1954.
Blanchot, Maurice, *Nietzsche und die fragmentarische Schrift*, in: Nietzsche aus Frankreich, Frankfurt, Berlin 1986.
Blondel, Eric, *Vom Nutzen und Nachteil der Sprache für das Verständniß Nietzsches – Nietzsche und der französische Strukturalismus*, in: Nietzsche-Studien 10/11, Berlin, New York 1981/1982.
Blüher, Karl, A., *Graciáns Aphorismen im „Oráculo manual" und die Tradition der politischen Aphorismensammlungen in Spanien*, in: Der Aphorismus, Darmstadt 1976.
Blumenberg, Hans, *Paradigmen zu einer Metaphorologie*, in: Theorie der Metapher, Darmstadt 1983.
ders., *Die kopernikanische Wende*, Frankfurt 1965.
Böhning, Thomas, *Metaphysik, Kunst und Sprache beim frühen Nietzsche*, Berlin, New York 1986.
Bollnow, Friedrich von, *Das Wesen der Stimmungen*, Frankfurt 1968.
Canetti, Elias, *Die Provinz des Menschen – Aufzeichnungen 1942-1972*, München 1973.
Cantarutti, Giulia, *Aphoristikforschung im deutschen Sprachraum*, Frankfurt 1984.
Cassirer, Ernst, *Philosophie der symbolischen Formen*, Darmstadt 1964.
Derrida, Jacques, *De la Grammatologie*, Paris 1967.

Diels, Ernst (Hrsg.), *Fragmente der Frühsokratiker*, Berlin 1922.
Euler, Kerstin, *Der Aphorismus als philosophische Form bei Nietzsche*, Mag.-Arbeit, Frankfurt 1991.
Febel, Gisela, *Aphoristik in Deutschland und Frankreich – Zum Spiel als Textstruktur*, Frankfurt 1985.
Fedler, Stephan, *Der Aphorismus – Begriffsspiel zwischen Philosophie und Poesie*, Stuttgart 1992.
Fink, Eugen, *Nietzsches Philosophie*, Stuttgart 1973.
Fricke, Harald, *Aphorismus*, Stuttgart 1984
ders., *Norm und Abweichung – Eine Philosophie der Literatur*, München 1981.
ders., *Kann man poetisch philosophieren?* in: Literarische Formen der Philosophie, hrsg. von Gottfried Gabriel und Christiane Schildknecht, Stuttgart 1990.
Freud, Sigmund, *Der Witz und seine Beziehung zum Unbewußten*, in: Gesammelte Werke, hrsg. von Anna Freud und anderen, Band 6, London 1948 (zuerst 1940).
Gabriel, Gottfried, *Literarische Formen und nicht – propositionale Erkenntnis in der Philosophie*, in: Literarische Formen der Philosophie, hrsg. von ders. und Christiane Schildknecht, Stuttgart 1990.
ders., *Zwischen Logik und Literatur – Erkenntnisformen von Dichtung, Philosophie und Wissenschaft*, Stuttgart 1991.
ders., *Ästhetischer „Witz" und logischer „Scharfsinn"*, Jena, Erlangen 1996.
Geyer, Paul, *Zur Dialektik des Paradoxen in der französischen Moralistik: Montaignes Essais – La Rochefoucaulds Maximes – Diderots Neveu de Rameau*, in: Das Paradox – Eine Herausforderung des abendländischen Denkens, hrsg. von ders. und Roland Hagenbüchle, Tübingen 1992.
Goethe, Johann W. von, *Maximen und Reflexionen*, hrsg. von Max Hecker, Weimar 1907.
Greiner, Bernhard, *Friedrich Nietzsche – Versuch und Versuchung in seinen Aphorismen*, München 1976.
Grenzmann, Wilhelm, *Probleme des Aphorismus*, in: Der Aphorismus, Darmstadt 1976.
Hamacher, Werner (Hrsg.), *Echolos*, in: Nietzsche aus Frankreich, Frankfurt, Berlin 1986.
Hamann, Johann G., *Aesthetica in nuce*, in: Kreuzzüge eines Philologen, in: Schriften über Philosophie/Philologie/Kritik, Band 2 der Historisch-Kritischen Ausgabe, hrsg. von Josef Nadler, Wien 1950.
Häntzschel-Schlotke, Hiltrud, *Der Aphorismus als Stilform bei Nietzsche*, Heidelberg 1967.
Haverkamp, Anselm (Hrsg.), *Einleitung in die Theorie der Metapher*, in: Theorie der Metapher, Darmstadt 1983.
Heinse, Wilhelm, *Aphorismen*, in: Sämtliche Werke, hrsg. von Carl Schüddekopf, Band 8 (1-3), Leipzig 1924f.
Heller, Peter, *Von den ersten und letzten Dingen – Studien und Kommentar zu einer Aphorismenreihe Nietzsches*, Berlin, New York 1972.

Herder, Johann G., *Spruch und Bild, insbesonderheit bei den Morgenländern*, in: Sämmtliche Werke, hrsg. von Bernhard Suphan, Band 16, Berlin 1887.
Hippokrates, Werke, hrsg. von Johann F. K. Grimm, Altenburg, 1781
Horstmann, Ulrich (Hrsg.), *Einleitung*, in: English aphorism, Stuttgart 1993.
ders., *Infernodrom*, Paderborn 1994.
Jacobson, Roman, *Der Doppelcharakter der Sprache und die Polarität zwischen Metaphorik und Metonymik*, in: Theorie der Metapher, Darmstadt 1983.
Janz, Curt P., *Friedrich Nietzsche – Biographie*, 3 Bände, München 1978f.
Jaspers, Karl, *Die Frage nach der Wahrheit bei Nietzsche*, in: 100 Jahre philosophische Nietzsche Rezeption, hrsg. von Alfredo Guzzoni, Frankfurt 1991.
ders., *Nietzsche – Einführung in das Verständnis seines Philosophierens*, Berlin, Leipzig 1936.
Kant, Immanuel, *Kritik der reinen Vernunft 1 und 2*, Band 3 und 4 in: Werkausgabe, hrsg. von Wilhelm Weischedel, Frankfurt 1982.
ders., *Anthropologie in pragmatischer Hinsicht*, in: Schriften zur Anthropologie, Geschichtsphilosophie, Politik und Pädagogik, in: Werkausgabe, hrsg. von W. Weischedel, Band 11, Frankfurt 1982.
Kipphoff, Petra, *Der Aphorismus im Werk von Karl Kraus*, München 1961.
Knauff, Manfred, *Lichtenbergs Sudelbücher – Versuch einer Typologie seiner Aphorismen*, Dreieich 1977.
Kraus, Karl, *Beim Wort genommen*, in: Werke, hrsg. von Heinrich Fischer, Band 3, München 1965.
Krüger, Heinz, *Studien über den Aphorismus als philosophische Form*, Frankfurt 1956.
Lämmert, Eberhard, *Bauformen des Erzählens*, Stuttgart 1968.
Lamping, Dieter, *Lichtenbergs literarisches Nachleben*, Göttingen 1992.
Lausberg, Heinrich, *Elemente der literarischen Rhetorik*, München 1971.
Leider, Kurt, *Deutsche Mystiker*, Hamburg 1973.
Lichtenberg, Georg, C., Schriften und Briefe, hrsg. von Wolfgang Promies, München 1968.
Man, Paul de, *Epistemologie der Metapher*, in: Theorie der Metapher, Darmstadt 1983.
Mautner, Franz H., *Der Aphorismus als philosophische Gattung*, in: Der Aphorismus, Darmstadt 1976.
ders., *Lichtenberg – Geschichte eines Geistes*, Berlin 1968.
Margolius, Hans, *System und Aphorismus*, in: Der Aphorismus, Darmstadt 1976.
Müller, Jost A., *Formprinzipien des Aphoristischen – Eine Untersuchung der Aphorismen Georg Christoph Lichtenbergs*, Zürich 1967.
Musil, Robert, *Tagebücher, Aphorismen, Essays und Reden*, hrsg. von Adolf Frisé, Hamburg 1955.
Neumann (Hrsg.), *Einleitung*, in: Der Aphorismus, Darmstadt 1976.
ders., *Ideenparadiese – Untersuchungen zur Aphoristik von Lichtenberg, Novalis, Friedrich Schlegel und Goethe*, München 1976.
Nietzsche, Friedrich, Kritische Studienausgabe, hrsg. von Giorgio Colli und Mazzino Montinari, München, Berlin und New York, 1988.

ders., Kritische Gesamtausgabe, hrsg. von Colli und Montinari, Berlin und New York 1967 f.
Novalis, Schriften, hrsg. von P. Kluckhohn und R. Samuel, Darmstadt 1965.
Nowaczynski, Adolf, *Polnische Eulenspiegeleien*, übersetzt und hrsg. von Karl Dedecius, Berlin und Neuwied 1962.
Pagliaro, Harold E., *Das Paradoxon bei La Rochefoucauld und einigen repräsentativen englischen Nachfolgern*, in: Der Aphorismus, Darmstadt 1976.
Platner, Ernst, *Philosophische Aphorismen nebst einigen Anleitungen zur philosophischen Geschichte*, Leipzig 1776.
Plett, Heinrich F., *Das Paradoxon als rhetorische Kategorie*, in: Das Paradox – Eine Herausforderung des abendländischen Denkens, Tübingen 1992.
Preisendanz, Wolfgang, *Über den Witz*, Konstanz 1970.
Requadt, Paul, *Lichtenberg – Zum Problem der deutschen Aphoristik*, Hameln, 1948.
ders., *Sprachverleugnung und Mantelsymbolik im Werke Hofmannsthals*, einschließlich eines Exkurses *Nietzsche und Lichtenberg*, in: Deutsche Vierteljahresschrift für Kultur und Geistesgeschichte, 29 (1955).
Ricoeur, Paul, *Die Metapher und das Hauptproblem der Hermeneutik*, in: Theorie der Metapher, Darmstadt 1983.
ders., *Die lebendige Metapher*, München 1986.
Roggenhofer, Johannes, *Zum Sprachdenken Georg Christoph Lichtenbergs*, Tübingen 1992.
Rosso, Corrado, *La Maxime*, Napoli 1968.
Sailer, Johann M., *Die Weisheit auf der Gasse oder Sinn und Geist deutscher Sprichwörter*, zuerst 1810, neu gedruckt Nördlingen 1987.
Schalk, Fritz, *Das Wesen des französischen Aphorismus*, in: Der Aphorismus, Darmstadt 1976.
ders., (Hrsg.), *Die französischen Moralisten*, 2 Bände, München 1973 und 1974.
Schildknecht, Christiane, *Philosophische Masken – Literarische Formen der Philosophie bei Platon, Descartes, Wolff und Lichtenberg*, Stuttgart 1990.
Schöffel, Georg, *Denken in Metaphern – Zur Logik sprachlicher Bilder*, Opladen 1987.
Schopenhauer, Arthur, Werke, hrsg. von Ludger Lütkehaus, Zürich 1988.
Schnitzler, Arthur, *Buch der Sprüche und Bedenken*, in: Aphorismen und Betrachtungen, in: Gesammelte Werke, hrsg. von Robert O. Weiss, Frankfurt 1967.
Schlegel, August W., Kritische Schriften, ohne Jahrgang und Hrsg.
Schlegel, Friedrich, Kritische Schriften, hrsg. von Wolfdieter Rasch, München 1962.
Scheppenhäuser, Hermann, *Verbotene Frucht – Aphorismen und Fragmente*, Frankfurt 1966.
Sommaruga-Rosolemos, Giovanni, *Paradoxien der modernen Logik*, in: Das Paradox – Eine Herausforderung des abendländischen Denkens, Tübingen 1992.
Spricker, Fiedemann, *Der deutsche Aphorismus im 20.Jahrhundert – Spiel, Bild, Erkenntnis*, Tübingen 2004.

Stackelberg, Jürgen von, *Zur Bedeutungsgeschichte des Wortes „Aphorismus"*, in: Der Aphorismus, Darmstadt 1976.
Stern, Joseph P., *Eine literarische Definition des Aphorismus*, in: Der Aphorismus, Darmstadt 1976.
Strauss, Ludwig, *Wintersaat – Ein Buch aus Sätzen*, Zürich 1953.
Tebartz-van Elst, Anne, *Ästhetik der Metapher – Zum Streit zwischen Philosophie und Rhetorik bei Friedrich Nietzsche*, Freiburg, München 1994.
Ungerer, Gustav, *Die politischen Aphorismen von Antonio Pérez*, in: Der Aphorismus, Darmstadt 1976.
Wehe, Walter, *Geist und Form des deutschen Aphorismus*, in: Der Aphorismus, Darmstadt 1976.
Welser, Klaus von, *Die Sprache des Aphorismus*, Frankfurt, Bern, New York 1986.
Weinrich, Harald, *Semantik der kühnen Metapher*, in: Theorie der Metapher, Darmstadt 1983.
Wenzel, Peter, *Von der Struktur des Witzes zum Witz der Struktur – Untersuchungen zur Pointierung in Witz und Kurzgeschichte*, Heidelberg 1989.
Wilpert, Gero von, *Sachwörterbuch der Literatur*, Stuttgart 1969.
Wuthenow, Ralph R., *Lichtenbergs Skepsis*, in: Das Bild und der Spiegel – Europäische Literatur im 18. Jahrhundert, München 1984
ders., *Nietzsche als Leser*, Drei Essays von Ralph Rainer Wuthenow, Hamburg 1994.